E. Georgii-Gorenau

Schriftstücke aus den Jahren 1789 bis 1795

dargeboten zur Feier des 100 jährigen Gedenktages der grossen französischen Revolution

E. Georgii-Gorenau

Schriftstücke aus den Jahren 1789 bis 1795
dargeboten zur Feier des 100 jährigen Gedenktages der grossen französischen Revolution

ISBN/EAN: 9783743381360

Hergestellt in Europa, USA, Kanada, Australien, Japan

Cover: Foto ©ninafisch / pixelio.de

Manufactured and distributed by brebook publishing software (www.brebook.com)

E. Georgii-Gorenau

Schriftstücke aus den Jahren 1789 bis 1795

Interessante Schriftstücke

aus

den Jahren 1789 bis 1795

dargeboten

zur Beurteilung der Feier des hundertjährigen Gedenktages
der großen französischen Revolution von 1789

und

den Bewohnern der Paläste und Hütten gewidmet

von

E. von Georgii-Georgenau

mit einem Anhang

enthaltend

1) ein Schreiben des kaiserlich russischen Feldmarschalls Grafen von Somvorow-Rymnikski an Herrn von Charette, Generalissimus der königlichen Truppen in der Vendée,
2) die Liste der von Juli 1793 bis 1794 in Paris geköpften Personen.

Stuttgart.
K. Hofbuchdruckerei Zu Guttenberg. Carl Grüninger.
1888.

Die freundliche Aufnahme, welche mein Schriftchen „Rede des weiland regierenden Herzogs Karl von Württemberg, gehalten in der von ihm gestifteten Hohen Karlsschule und zwar zur Zeit der Schreckensherrschaft in Frankreich" bei jung und alt gefunden hat, ermutigt mich, interessante Schriftstücke aus den Jahren 1789 bis 1795, welche sich auf diese französische Revolution beziehen, den wohlwollenden Lesern vorzulegen. — Bei der Sammlung dieser Schriftstücke betrachtete ich es nicht als meine Aufgabe, Öl ins Feuer zu gießen, das heißt die Erbitterung gegen die benachbarte intelligente und fleißige französische Nation zu vermehren, sondern ich wollte nur darthun, welcher Wirrwarr in einem Staate entsteht, wenn zeitgemäße Reformen in der Gesetzgebung eines Landes durch Umsturz alles Bestehenden, bewirkt werden wollen wie in Frankreich, anstatt daß dieselben auf verständige Weise gemacht werden, wie dies in unserem engeren und weiteren Vaterland geschieht.

Es gab im Jahre 1789 in Frankreich Männer, welche die so sehr nötigen großen Reformen in der Gesetzgebung, die ganz dem Geist der Zeit entsprachen, mit männlicher Kraft und echter Vaterlandsliebe auf ruhigem Wege hätten durchführen können und der König Ludwig der XVI. war bereits hierfür gewonnen, allein diese Männer waren zu eigenliebig, zu ehrgeizig, strebten in der Stille bereits die Republik an und hintertrieben den ruhigen Gang der Einleitung für Reformen.

Barbaroux sagte am 31. Oktober 1792 öffentlich im Konvent, daß in Charenton bereits die Verschwörung gegen den Hof beschlossen worden sei, die am 29. Juli 1792 hätte ausbrechen sollen, die aber erst am 10. August stattgehabt habe. So kam es vielmehr fortan zu Revolutionsregierungen in Frankreich; sie prahlten unaufhörlich mit den Worten Freiheit und Gleichheit. Wut herrschte an der Stelle brüderlicher Gleichheit, Tyrannei an der Stelle der Freiheit.

Die Religion, das unentbehrliche Bedürfnis jeder menschlichen Gesellschaft, wurde fort und fort bekrittelt, zum Gespött und die Religionsausübung zuletzt verboten. Mallet du Pan* schrieb damals, daß man eher Orangebäume nach Sibirien, als die englische Konstitution nach Frankreich verpflanzen würde und daß die französische Nation erst einer politischen Erziehung bedürfe, bevor sie deliberierende Versammlungen zu ertragen vermöge. Als sodann am 5. Mai 1789** eine Horde Franzosen nach Versailles zog, um ihre Hände in das Blut der Schweizer Leibgardisten zu tauchen und sie die blassen Köpfe derselben auf Piken gesteckt nach Paris brachten, da erzählte Gorsas den Tag darauf in seinem Blatt, mit welchem Anstande das Volk gemordet habe und fand in diesen Mordthaten nur eine sehr rechtmäßige Äußerung der Volks-Souveränität. Intoleranz und Egoismus waren es, was die 5 verschiedenen Revolutionsdynastien stürzte, die von 1789 bis 1795 Frankreich regiert haben. Jede von diesen Dynastien, indem sie sich des Aristokratismus, des Royalismus, des Republikanismus, der Mäßigung anklagten, denunzierte, deportierte, depopularisierte, plünderte sich wechselseitig. Blutige Zänkereien gingen vor jedem Revolutionstag her. Welch schreckliches Ende erlitt Bailly, der erste Präsident der Nationalversammlung, großer Gelehrter, der sich aus seiner Studierstube zum Steuermann der Staaten aufgeworfen hatte; man verlängerte auf eine grausame Weise seine Todesangst um $1\frac{1}{2}$ Stunden, indem man in seinem Angesicht die Guillotine zu seiner Hinrichtung abschlug und an einem andern Orte wieder aufrichtete, weil das Volk nicht wollte, daß sein Blut im Champ de Mars die Erde tränken sollte, wo einst unter seiner Mairieschaft das Blut von 16 Nichtswürdigen geflossen war, die jetzt (1794) Patrioten betitelt wurden und die damals durch die Schüsse der Nationalgarde fielen, welche auf Lafayettes Befehl den Pöbelhaufen auseinander jagten. Und Péthion, der König des Volkes, vom 10. August, der die Losung der Ermordung von vielen Tausenden von Unschuldigen wurde, wie mußte er sich vor seinen Verfolgern, seinen Kollegen verkriechen, er wurde von ihnen für vogelfrei erklärt. —

* Mallet du Pan verließ Frankreich am 1. Mai 1792 auf die Warnung, welche ihm Dumas, damals Gesetzgeber, gab, daß eine Anklagedekret gegen ihn erlassen sei. Brissot und Roubier verfolgten ihn aufs Äußerste.
** Entnommen aus einem öffentlichen Pariser Blatt von 1795.

Wie wäre es Mirabeau, dem Miturheber der Revolution und Abgott des Volkes, aber einem Manne ohne Moral, ergangen, wenn ihn ein natürlicher Tod nicht ereilt hätte! Robespierre, derselbe, welcher in der Nationalversammlung auf Mirabeaus Beerdigung im Pantheon angetragen hatte, war derjenige, welcher seiner Bildsäule im Jakobinersaal die ersten Fußtritte gab, worauf sie auf den Grêveplatz geschleppt und daselbst laternisiert wurde. Die Sektion Mirabeau taufte sich in Sektion Mont=Blanc um. — Der Sprecher der Pariser Sektion de la Reunion äußerte am 22. Februar 1793 vor den Schranken des Nationalkonvents folgendes:

„Auf, Stellvertreter eines unüberwindlichen Volkes, verfolgt „Eure erlauchte Laufbahn. Schon verschwinden vor Euch die Tugenden „des Senats des alten Roms. Fern sei aus Eurer Brust jede „gefährliche Mäßigung. Festigkeit war von jeher das Eigentum „wahrer Republikaner. Ihr habt einen König, einen Tyrannen ver= „nichtet; dieser erhabene Zug verspricht Euch die Unsterblichkeit. „Verfolgt, so lange Ihr noch Atem schöpft, verfolgt seinesgleichen, „diese Ungeheuer, die der Himmel in seiner Rache schuf, erlaubet „ihnen nicht, einen Augenblick frei atmen zu können, es muß keine „Spur, kein Andenken von ihnen übrig bleiben und bald werden „alle Völker der Erde Euch ihre Wohlthäter nennen; er sprach „ferner, wie er und seine Gefährten

„den Kaiser,
„den König von England,
„den König von Spanien,
„den König von Sardinien,
„den Priester Italiens,
„den Erbstatthalter,
„die Kaiserin von Rußland

„mit allen ihren Kriegsscharen in Staub und Asche verwandeln „werden."

Welch edles Betragen zeigte dagegen das eng= lische Volk bei der Nachricht von Ludwig XVI. Hin= richtung! Als die erste Nachricht von Ludwig XVI. Hinrichtung zur Schauspielstunde in London bekannt wurde, erregte sie allgemeinen Unwillen und Teil= nahme. Die Zuschauer litten nicht, daß das Stück ausgespielt werden durfte, sondern sie verließen alle das Schauspielhaus, nachdem vorher das Orchester das Volkslied „God save the King" gespielt hatte, das Zuschauer und Schauspieler anstimmten. Wie edel, wie ergreifend schön, wie gottesfürchtig ist der Brief des kaiserlich russischen Feldmarschalls Grafen von Souworow-Rumnikski an Herrn von Charette, Generalissimus der königlichen Truppen in der Vendée. —

Der Brief findet sich im Anhang dieses Schriftchens. —

Wenn wir inmitten eines solch abscheuerregenden Treibens in Frankreich, das in seinen Folgen auch das heutige Frankreich nicht mehr zu Ruhe kommen läßt, die geschilderten schönen Züge des englischen Volkes und die edle Denkungsart eines russischen Kriegers bewundern, so drängt es uns gleichzeitig gewaltig es auszusprechen, man möchte dafür Sorge tragen, daß die dem deutschen Volke innewohnende Anhänglichkeit an seine Regentenhäuser als die über den Parteien stehenden höchsten Spitzen im Staat und Stützen eines ruhigen und gedeihlichen Volkslebens gepflegt werde, und zwar schon in der Schule beim Religions- und Geschichtsunterricht. —

Warum geben sich die Anarchisten und alle diejenigen, welche mit denselben liebäugeln, die erdenklichste Mühe, die Regierungen zu veranlassen, den Religionsunterricht aus der Schule zu verbannen oder es den Eltern freizustellen, ob sie ihre Kinder in den Religionsunterricht schicken wollen? Antwort, weil sie die Jugend alsdann leichter für ihre Zwecke gewinnen.

Hören wir wie inmitten der französischen Revolution wahre Patrioten die Pflege der Religionsgebote verlangen!

„Die Religionsgebote sind unentbehrlich, weil „sie in wenigen Worten alle Pflichten des Menschen „gegen seinen Nächsten enthalten und weil sie Ehr„furcht und Gehorsam gegen das Gesetz einschärfen. „Man nehme den Völkern ihren öffentlichen Gottes„dienst und sie werden bald die Gebote der Religion „und mit ihnen die Gebote der reinen Moral ver„gessen, welche jene enthalten. Ihre Leidenschaften „werden keinen Zaum mehr haben, der sie zügelt und „die Gesetze werden immer unzureichend sein, um sie „zu zähmen. Das weiseste und vollständigste Gesetz„buch ist nicht im stande, alle strafwürdigen Hand-

„lungen zu unterdrücken und vermag nichts weder
„über den Willen noch über die Empfindungen. Die
„Furcht vor dem Gesetz kann wohl einen Menschen ab=
„halten, öffentlich ein Verbrechen zu begehen, aber
„nie genügt sie, um ihm Liebe zur Tugend einzuflößen.
„Der Glaube an einen Gott, der unsere geheimsten
„Gedanken kennt, läutert die Seele und wenn Tugend
„in dieser Welt nicht unnütz ist, so sind religiöse Grund=
„sätze hier unentbehrlich." —

Wenn wir die Genußsucht in der jetzigen Zeit und die damit zusammenhängende Unzufriedenheit wegen nicht befriedigter Wünsche betrachten, so gibt dies zur Beherzigung des oben Gesagten hinlänglich Anlaß.

Stuttgart, 1888,
am Vorabend der Revolutionsfeier
von 1789.

E. v. G.-G.

Wo sind sie nun, die Urheber und Beförderer der französischen Revolution? Was ist aus ihnen geworden, verbannt, flüchtig oder von dem Pöbel gemordet, findet man keine Spur von ihnen mehr in dem Lande, welches sie höchst unglücklich gemacht haben.
anno 1795. Girtanner.

„Es ist eine von den Lieblingsvorspiegelungen der Anhänger des „französischen Umsturzes, sich immer auf das Beispiel älterer Re= „volutionen, z. B. in der Schweiz, den Niederlanden, Amerika u. s. w. „zu berufen, um gleichen Ausgang für jenen anarchischen Zustand „daraus zu folgern. Eine solche für die ehrwürdigen Stifter und „Erkämpfer der Freiheit jener Länder ebenso ehrenrührige und „schimpfliche, als gänzlich unpassende und mangelhafte Vergleichung „kann freilich nur Gewicht bei Personen haben, die entweder keine „Kunde der Geschichte besitzen oder gewohnt sind, jede revolutionäre „Behauptung ohne weitere Untersuchung auf Treu und Glauben „anzunehmen. Wer kann aus dem ganzen Laufe aller drei Revolutio= „nen in der Schweiz, Holland und Amerika, wer kann aus diesem „ganzen Zeitraum dreier gewaltsamer Staatsumwandlungen so viele „gerichtliche und mit Verhöhnung von allem, was Menschlichkeit, „Gesetz, Recht, ja selbst Schein des Rechts heißt, verübten Morde „zusammenfinden, als allein in Paris der Monat April von 1794 „aufweiset? Der Grund davon ist nicht schwer zu erraten: bei „jenen Revolutionen galt es nur Befreiung von Ge= „walt, nicht aber Umsturz von Tugend, Religion und „Moralität. Biedermänner standen dort an der Spitze, hier „Gottesleugner, übermitzige Gelehrte und kühne Bösewichter aus „der Hefe des Pöbels. Die Männer, welche jene Revolutionen „gründen halfen, nahmen den Dank ihres Volkes mit in das Grab „oder führten das Ruder bis an ihr Ende; noch präsidiert Washing=

„ton im amerikanischen Kongreß, in Frankreichs Trauerspiel hingegen
„wechseln die Hauptrollen, wie die Vorstellungen in einer Zauberlaterne
„und wenn etwas über so viele Bubenstücke trösten kann, so ist es der
„Anblick, ihre Urheber sich wechselsweise einander selbst morden und
„strafen zu sehen. Drei Jahre wurden zuerst erfordert, um die
„Monarchie und den Adel zu vernichten, hierauf verstrich eine
„Zwischenzeit von 13 Monaten von Lafayettes Sieg auf dem Champ
„de Mars an bis zu seiner Flucht in den Ardennen; nach Lafayette
„vergingen 9 Monate, um Brissot von seinem usurpierten Throne
„zu stürzen; von Brissot bis zu Heberts Fall war der Zwischen=
„raum noch kürzer und von Heberts Schafott bis zu Dantons Blut=
„gerüste betrug er kaum 14 Tage. Wie lange wird es von Danton
„bis zu Robespierre dauern?" Anno 1794.

Reden, Dekrete etc. aus den französischen Revolutionsjahren von 1789—95.

Am 2. September 1792 bezahlten Danton und Marat Meuchel=mörder. Die Gefängnisse wurden geleert und der Mord vollzogen. Den folgenden Tag nach diesen schauerlichen Auftritten lobte der Minister Roland die Gerechtigkeit des Volks, Gerat bewies, daß der Pöbel von Paris immer zu Verbrechen eingeweiht werden müsse und Collot d'Herbois ermunterte im Jakobinerklub die Republikaner, sie sollten die Mörder vom September mit aller Hochachtung ehren.

(Aus einem öffentlichen Pariser Blatt vom August 1795.)

Jakobinersitzung vom 30. Sept. 1793.

„Unsere Moral, unsere Tugend, schreit jetzt Leon Bourdon, „besteht jetzt darin, daß wir die Köpfe aller derjenigen abschneiden, „denen unsere Republik nicht gefällt."

Moniteur Nr. 337 pag. 1383.

Das einzige Tribunal von Avignon hat in dem kleinen Departement von Vaucluse in kurzer Zeit, d. h. seitdem Couthon dort geherrscht hatte, 13000 Verhaftsbefehle gegeben. In der einzigen Stadt Tarascon wurden über 3200 freie Franken eingesperrt.

Protokoll aus dem Revolutionstribunal. 24. Brumaire.

„Wenn in zweimal 24 Stunden die Fleischbänke nicht mit „dem nötigen Fleisch und sonderlich mit Schweinefleisch versehen „sind, so sollen die reichsten Metzger arretiert, deportiert und ihr

„Vermögen konfisziert werden. Straßburg 24. Brumaire im 2. Jahre „der freien und unteilbaren Republik."

Tessin, Präsident.
Eulogius Schneider, Zivilkommissär.
Wolf, Klavel, Richter.
Weiß, Sekretär.

10. Frimaire.
Cour. Univ. 13. Sept.

Der General Leclerc schreibt an den Konvent. Gestern sah der Kommissär Toulard eine feindliche, 17 pfündige Kugel 2 Schritte vor ihm niederfallen, „aber die Sklavin hatte vor dem freien Manne „Respekt."

Straßb. Cour.

Die Volksgesellschaft von Fanoi schreibt an den National=
konvent. „Seitdem republikanische Hände die Erde bearbeiten, zeigte „diese eine außerordentliche Fruchtbarkeit."

Protokoll des Revolutionstribunals.

Am 15. des zweiten Monats wurden 7 Bauern aus Geis=
polzheim guillotiniert und ihr Vermögen konfisziert, einer aber nach Guyana deportiert, weil sie durch ihr Betragen und aristokratische Reden den Geist ihrer Gemeinde verdorben.

Unter Nr. CXI der Aktenstücke befindet sich ein seltsamer Revers von einem ausgewanderten österr. Geistlichen und jetzigen Revolutionskommissär namens Walker folgenden Inhalts:

„Ich Unterzeichneter bekenne, daß ich auf Befehl des Bürgers „Klauer, Kommissär des Kantons, die sieben reichsten Leute aus „Oberschäffolsheim nach Straßburg eingeliefert habe, ohne zu wissen, „warum, unter ihnen war auch J. Graff."

Viere von diesen wurden zu Straßburg guillotiniert und ihr Vermögen konfisziert.

Aus einer Urkunde Nr. XCIX und CX des Sicherheitsaus=
schusses erhellt, daß Klauer (einer der Administratoren des Distrikts von Straßburg und Präsident dieser Administration) von diesem Ausschusse ernannt wurde, nicht allein auf dem Lande alle Er=
adelichen und ihre Bedienten, die gewesenen Amtsleute, Förster, Jagdbedienten, die ungeschworenen Geistlichen und die reichsten

Aristokraten jedes Dorfs zu verhaften und nach Straßburg bringen zu lassen, sondern auch den Aristokraten in jeder Gemeinde eine Taxe nach Willkür aufzulegen, die sie in 14 Tagen zu bezahlen hätten. Klauer befolgte diesen Auftrag treulich und tarierte laut dieser Urkunde

die Aristokraten	von	Geispolzheim	400 000	Livres
"	"	" Oberschäffolsheim	200 000	"
"	"	" Düttlenheim	150 000	"
"	"	" Achenheim	100 000	"
"	"	" Holzheim	10 000	"
"	"	" Arolzheim	7 000	"
			967 000	Livres.

Dem Eulogius Schneider, öffentlicher Ankläger und Zivilkommissär in Straßburg, ist jene unglückliche Auswanderung von beinahe 50 000 Seelen und zwar allein aus 2 Distrikten zuzuschreiben. Es erhellt sogar aus einem Briefe vom Distriktsratspräsidenten Brändl an den Repräsentanten Bailli Nr. LXXII. daß wirklich im Sicherheitsausschuß einmal die Rede davon gewesen, 6000 Straßburger durch eine Noyade à la Carrier auf einmal zu vertilgen.

Dieser Schneider war ein Helfershelfer Dietrichs von Straßburg; letzterer stammte aus einer reichen und adeligen Familie zu Straßburg, war theoretischer Reformator, Revolutionsfreund; nach der Revolution Maire von Straßburg und Stifter des dortigen Jakobinerklubs. Sie bedienten sich dabei mancher Schreier und Mittel, die mächtig auf das Volk wirkten; allein die Schreier die ihre Macht fühlen, sind keine Thoren, sich vor dem neuen Herrn zu bücken, sie spielen ihnen nun ebenso mit, wie sie vorher auf ihr Geheiß den Ersten des Landes mitspielen mußten und die Reformatoren büßen mit Gut und Blut für ihre Reformnarretei und ihre Familie bettelt vor den Thüren mit dem Fluch des verführten Landes beladen. Dieselbe Guillotine, die ihm am 28. Dez. 1793 im 45. Jahre das Leben nahm, hatte es auch seiner Freundin, Madame Rolland, die im Namen ihres Mannes nach dem Volksmund 6 Monate Königin von Frankreich war, am 8. Nov. desselben Jahres genommen. Als letzterer das Todesurteil verlesen wurde, machte sie einen tiefen Knir und starb standhaft; ihr Mann der allmächtige Minister, der aus einem persönlichen Groll gegen Ludwig XVI. die Hinrichtung dieses unglücklichen Monarchen betrieb, wurde später von Kollegen im Konvent geächtet und entleibte sich mit dem Degenstock auf der Landstraße.

Der vorerwähnte Eulogius Schneider öffentlicher Ankläger des Revolutionstribunals hatte den Maire und die Munizipalität von Geispolzheim hinrichten lassen und hierauf eine neue Obrigkeit eingesetzt. Als der neue Maire zum erstenmal zu Schneider kam, rief ihm dieser entgegen. „Bringst du mir nichts zu guillotinieren?" Schneider wurde von Robespierre als der Kontrerevolution schuldig zum Tode verurteilt.

Als der verdorbene S. von Straßburg jetzt öffentlicher Ankläger des Herrn über Leben und Tod zum erstenmal in die Kirche kam und nach dem Altar sah, schrie er: „Wozu dieser Würfel?" Der Altar wurde abgebrochen.

Moniteur Nr. 171 pag. 692.

Auf die Bitte der Stadt Worms wegen der aufgelegten drei Millionen Livres bemerkt de la Croix: „man hätte die Auflage noch „größer machen sollen und wenn die Stadt den ersten Termin nicht „zu bestimmter Zeit bezahle, sei es billig sie zu verbrennen." —

Anarchis Cloots, Redner des Menschengeschlechts, einer von den Gesetzgebern der französischen Nation, hielt am 24. April 1793 eine Rede folgenden Inhalts:

„Je vous défie que vous connaissez bien la nature de „la Sans-Culotterie, si vous admettez une nature divine et „plastique!"

„Quiconque à la debilité de croire en Dieu etc."

Weitere Urteile des Revolutionstribunals in Straßburg.

„Erwogen, daß Gelddurst beständig die Bierbrauer dieser „Gemeinde geleitet hat, verdammt das Tribunal sie zu einer Geld„buße von 225 000 Livres, die sie in 3 Tagen zu erlegen haben, „bei Strafe für Rebellen gegen das Gesetz erklärt zu werden und „ihr Vermögen konfisziert zu sehen."

„Erwogen, daß die, welche dazu beigetragen haben, die ersten „Lebensbedürfnisse zu steigern, als Feinde des Menschengeschlechts

„zu betrachten sind und daß die Mehrheit der Bäcker und Mehl=
„händler sich dieses Verbrechens schuldig gemacht haben, und daß
„man das Volk rächen und diesen Dieben einen Teil ihres Raubes
„wieder nehmen müsse, verdammt sie das Tribunal zu 300 000 Livres
„Geldbuße und wer diesem Ausspruche in 8 Tagen nicht Genüge
„leistet, soll deportiert und sein Vermögen konfisziert werden."

„An der Spitze dieses Tribunals und der sogenannten Propa=
„ganda standen die verworfensten Subjekte; auch St. Just und
„Lebas, die in der Folge mit Robespierre umkamen, erschienen als
„Volksrepräsentanten vom Konvent, vorzüglich um die Stadt Straß=
„burg den eisernen Zepter der Willkür fühlen zu lassen. Die
„Guillotine war in Straßburg nicht allein permanent, sondern
„4 Richter durchzogen auch das Land von Henkern und Schafotten
„begleitet. Von den 9 Millionen Kontribution waren schon einige be=
„zahlt; demohngeachtet befehlen St. Just und Lebas, daß die
„reichste Privatperson, welche in 24 Stunden ihre angesetzte Summe
„nicht erlegt, 3 Stunden lang auf dem Schafott, an die Guillotine
„gebunden, ausgestellt werden sollte. Dies Schicksal traf einen der
„besten Bürger namens Mayno und der einer der aufrichtigsten
„Anhänger der Revolution seit 1789 gewesen war, weil er in einem
„Tage die von ihm verlangten 250 000 Livres nicht hatte zusammen=
„bringen können. Sobald man reich und gelehrt war, dünkte man
„in den Augen der Unterdrücker straffällig. Professoren, Rektoren,
„Schulmeister ließ man in Verhaft nehmen.

„Das Frontispiz des Münsters war mit Bildhauerarbeiten
„und Statuen geziert, welche interessante Denkmäler für die Kunst=
„geschichte waren; sie wurden zertrümmert und abgemeißelt und
„bloß die Unmöglichkeit der Vollstreckung verhinderte die Abtragung
„des Turmes, welche von Teterel, Mitglied des Direktoriums, ein
„warmer Patriot, der zu Paris gestohlen hat, verlangt wurde. —

Der Befehl der Repräsentanten St. Just und Lebas lautet
folgendergestalt: „Der Munizipalität von Straßburg wird auf=
„gegeben, binnen 8 Tagen alle die steinernen Statuen abschlagen
„zu lassen, die um den Vernunfttempel sind, und eine dreifarbige
„Fahne auf den Turm zu pflanzen."

Die Mitglieder dieses Revolutionstribunals und der sogenannten
Propaganda führten das liederlichste Leben; alle Keller der Reichen
wurden für sie in Kontribution gesetzt und sehr beträchtliche Summen

wurden zur Bestreitung der Nebenkosten der skandalösen Orgien verwendet. In Metz erging es den Einwohnern nicht besser, im ganzen Lande nichts als Plünderung und Ermordung der Vermöglichen durch sogenannte Volksrepräsentanten und deren Helfershelfer.

Eine Deputation des Departement de l'Ain erschien am 19. Mai 1793 vor den Schranken des Nationalkonvents und entwarf folgendes schreckliche Gemälde, welches jetzt das Gemälde aller Departements ist:

„Bürger Stellvertreter," sagt der Redner, „500 eurer Mit=
„bürger seufzen seit 5 Wochen in den Kerkern. Wir bringen euch
„ihre Beschwerden dar, laßt ihnen Gerechtigkeit widerfahren. Die
„Bürger des Departement de l'Ain ehrten den Konvent, die Gesetze
„wurden bei ihnen befolgt, jeder bezahlte seine Schatzung, als eure
„Kommissarien Omar und Merlins anlangten. Verleumder müssen
„sie geblendet haben, denn sie haben Bestürzung durch das ganze
„Departement verbreitet. Der Vater beweint sein Weib und seine
„Kinder, die Gattin beweint ihren Gatten, das Geschrei der Kinder
„verlangt die zurück, welche ihnen das Leben gaben. Hier seufzt
„ein 60jähriger Greis im Gefängnis der neuen Bastille, dort hat
„man einen Landmann dem Anbau seiner Felder entrissen, hier ein
„Weib eingesperrt, weil man sie anklagte, ihren ausgewanderten
„Sohn in der Fremde unterstützt zu haben, und doch hatte sie nie
„das Glück gehabt, Mutter zu sein; einen Bedienten, der einen
„Brief bestellen soll, nimmt man unter dem Vorwand in Haft, daß
„der Brief verdächtig sei; er, der Vater von 4 Kindern ist, seufzt in
„den Fesseln und beide, der Briefschreiber und der Briefempfänger,
„genießen der Freiheit. Zwei Bürger, die das Kriminaltribunal
„losgesprochen hatte, sind von neuem eingesperrt worden. Man
„hat einen Müller ins Gefängnis gesetzt, weil er das Wasser seiner
„Mühle einem Mahlgaste früher als den andern zugestand. Alle
„diese Thatsachen werden euch unglaublich erscheinen aber hier sind
„die Urkunden und Beweise ꝛc."

In dem Offizialbericht des französischen Volksrepräsentanten Becker, Ankläger der französischen Delegierten des Revolutionstribunals, an den Konvent vom 13. Juni 1795 heißt es am Schluß:
„Dieses, Bürger, Kollegen, ist ein Teil der Greuel, welche in diesen
„schönen Ländern verübt worden sind und worüber ich Beweise und
„Belege habe; sie ist aber nur eine kleine Analysierung derselben,

„denn weitläufigere Details, in die ich hätte gehen
„können, würden euer Gefühl zu heftig erschüttert
„haben; sie sind bei zivilisierten Nationen ohne
„Beispiel."

Die junge und unschuldige Prinzessin von Monaco hatte nichts verbrochen, als die Tochter ihres Vaters und die Mutter ihrer Kinder zu sein. Sie war als Fremde zu Paris anzusehen und doch verdammte sie das Tribunal der Robespierristen zum Tode. Der Gedanke an ihre Kinder erschütterte sie, sie gab sich für schwanger aus und die Hinrichtung wurde aufgeschoben. Man führte sie in den Kerker zurück. Sie schnitt sich selbst ihre schönen Haare ab und schrieb folgenden Brief: „Ich würde dem Bürger Fouquet de „Tinville (Blutrichter) verbunden sein, wenn er einen Augenblick „hierher kommen und mir eine Minute Gehör gewähren wollte. Ich „bitte ihn inständig, meine Bitte nicht abzuschlagen.

Grimaldi-Monaco."

Fouquet de Tinville, blutbefleckter Ankläger des Revolutionstribunals kam nicht und antwortete auch nicht. Sie schrieb einen zweiten Brief an ihn, schwarz gesiegelt, ein Finger war ihr Petschaft. Die Adresse lautet: „An den Bürger Fouquier, sehr eilig. „Ich benachrichtige Sie Bürger, daß ich nicht schwanger bin; ich „wollte es Ihnen selbst sagen, da ich aber nicht hoffe, daß Sie „kommen werden, so schreibe ich es Ihnen. Ich habe meinen Mund „mit dieser Lüge, nicht aus Furcht des Todes oder um ihm zu entgehen, besudelt, sondern um einen Tag mehr zu gewinnen, damit „ich mir selbst die Haare abschneiden kann und sie nicht von der „Hand des Henkers abgeschnitten hinterlasse. Es ist das einzige „Legat, das ich meinen Kindern vermachen kann; wenigstens soll „es rein sein!"

„Choiseul Stainville Josephe Grimaldi-Monaco eine fremde „Prinzessin, die durch die Ungerechtigkeit französischer Richter stirbt." Noch denselben Tag wurde sie hingerichtet.

Beherzigenswerte Bilder emigrierter Personen, die Geburt, Stand, Glücksumstände zu den gegründetsten Ansprüchen und unzweifelhaften Aussichten auf Glück, Wohlleben in ihrem Vaterland berechtigten, die jetzt im Auslande sich zu andern, ihnen ganz fremden und zuweilen niedrigen Gewerben entschließen müssen, in Wahrheit solche Personen verdienen nicht bloß unser Mitleid, sie verdienen unsere Bewunderung. — Ihr die ihr schadenfroh die Nase rümpft, wenn ihr einen Vicomte Schuh flicken oder eine Marquise waschen und Putz machen seht; überlegt erst, welche Überwindung, welches zentnerschwere niederdrückende Gefühl da vorausgegangen sein müsse, überlegt, was das koste, in einem Alter oft von 60 und mehr Jahren bei Wasser und Brot Lehrjunge eines Handwerks zu werden.

Fräulein von Spada, Fräulein von Toren, Fräulein von Zerlum ebten lange zu Bamberg von Nähterei — Graf von Vieuville ließ sich zu Erlangen als Kommissionär, zu Verschickungen brauchen; der Parlamentspräsident de Carpentier gab daselbst Unterricht im Französischen. Der Graf von Mailly war in einer Buchdruckerei als Setzer angestellt. Die Gräfin Vivien, einst die Königin der Bälle und glänzenden Gesellschaften zu Paris, begab sich bei einer Nähterin und Flickerin in die Lehre. Ein Strohsack war ihr Lager; täglich sah sie sich von ihrer Lehrmeisterin wegen ihrer Ungeschicklichkeit ausgehunzt, die sie, wie sie sagte, um ihre Kunden brächte. Man sah sie unter einem schlechten Wetterdach auf der Straße sitzen von dem Arbeitsgerät ihres neuen Metiers umringt. Ihre Sanftmut, ihre Resignation erwarben ihr eine ehrfurchtsvolle Teilnahme und viele Kunden und erleichterten ihr ihr hartes Schicksal. Fräulein von St. Marceau war Ladenmädchen bei einem Leinwandhändler; Frau von Rocheplatte verkaufte Obst und Gemüse. Die Gräfin Perigord wurde Kindererzieherin bei einem Kaufmann. Die

Herzogin von Guiche Krankenwärterin; Fräulein de la Bretonnière gab Unterricht im Malen; Fräulein von Dorvilliers hielt eine Mädchenschule; Frau von St. Mariel verkaufte selbstgemachte künstliche Blumen, Fräulein von Couchant wurde Modehändlerin und Fräulein de la Tremouille ihr Ladenmädchen. Der Marquis von Barentin wurde in London Schreiber bei einem Bankier und der Graf d'Orlan Musikmeister. Der Herr von Bourblanc, Generalprokurator des Bretagner Parlaments, lebte in London von selbstverfertigten und verkauften Violinen, Frau von Funnelle war Schulmeisterin im Flecken Bibiena (Italien). In der kleinen Stadt Citta del Solo hatte der Marquis du Halloy einen kleinen Gemüsegarten in Pacht.

Im Flecken Scurperia standen die Ritter de la Bastide und Duperroux bei einem Messerschmied in Arbeit. Zu Pistoja war die Gräfin Eyderi wegen ihrer feinen und saubern Behandlung der Wäsche in Ruf, was ihr viel Erwerb verschaffte. Die Marquise von Bullon war Damen-Coiffeuse; der Bischof Foucault verkaufte Kräuter wider das Zahnweh.

In den Augen des vernünftigen Biedermanns leuchtete der Glanz des Adels aller dieser Damen und Herren nur höher.

Wer wurde der Besitzer all der Schlösser und Wohnungen aus denen die reichen und adeligen Familien vertrieben wurden? Hier ein Beispiel:

Cour. Univ.-du 17. Sept.

„Bierwirt H. und Färber L. fuhren heute mit der Post von „Hagenau zurück, wo jener ein herrschaftliches Haus 30 000 Livres „an Wert für 6500 Livres Assignate gekauft hatte. „Wir sind „jetzt die Herren," riefen die Patrioten und prügelten patriotisch „einen Bauern in Schw., der ihnen nicht gleich aus dem Weg ge„fahren war."

Von 1789—1795 zählen wir
    187 zerstörte und verbrannte Städte und Schlösser,
    239 Insurrektionen,
    470 Konspirationen,
  123 789 Emigranten.

Das Leben verloren durch Mordszenen und Hinrichtungen:
unter der konstituierenden Versammlung . 3 753
  „   „ gesetzgebenden 8 044

unter dem Nationalkonvent . 1 826 626
in den Kolonien 184 000

Genug von diesen Greueln.

Vor uns stehen jetzt die französischen Patrioten von 1889, welche das Andenken an die Patrioten von 1789 in großartiger Weise feiern wollen. Diese Patrioten von 1889 präsentieren dem französischen Volke auch wieder einen Teller voll neuer Freiheiten und Spenden, die zu erkämpfen seien, wogegen aber ein großer Teil der französischen Bevölkerung, welche durch Fleiß und Geschick voran gekommen ist, und der nicht für andere arbeiten und zahlen will, protestieren wird. Hinter diesen Patrioten von 1889 stehen wie anno 1789 andere Patrioten, welche den ersteren nur helfen werden, um, wenn der Stein im Rollen, nachher nach ihrer Art das Blutrichterschwert in die Hand zu bekommen. „Gesteht," so sagt ein Franzose anno 1794, „daß Ihr Euch Patrioten erschafft, „wie es Euch beliebt, bald Patrioten von 1789, bald Patrioten „vom ersten Prärial, bald Patrioten vom 31. Mai, bald Patrioten „vom 9. Thermidor, bald Patrioten vom 10. August. Der 14. Juli „1789 bezeichnet das Reich der Anarchie; der 13. September 1791 Reich „eines Gouvernements ohne Kraft, 10. August 1792 Reich der „Demokratie, 31. Mai 1793 Reich des Despotismus unter Robes= „pierre, 9. Thermidor oder 28. Juli 1794 Rückkehr zur republikanischen „Demagogie, 5. Oktober 1795 Reich der Aristokratie."

O! unglückliche Franzosen, die Ihr abermals ehrgeizigen Pariser Freiheitspredigern zum Opfer fallet, bedenket doch, daß zu viel Freiheit in Anarchie ausartet.

Sagt doch der von Euch angebetete und im Appel angerufene J. J. Rousseau:

„Qu'on juge du danger. d'émouvoir une fois les masses „énormes qui composent la monarchie française! Qui pourra „rétenir l'ébranlement donné. ou prévoir tous les effets. qu'il „peut produire?"

In dem unterm 14. Juli 1887 in Paris erschienenen

Appel

„à tous les républicains de France pour célébrer dans une grande fédération le centenaire de 1789 qui doit donner le signal d'un retour aux traditions de la Révolution préparée par les philosophes du dixhuitième siècle. les Voltaire. les

Diderot, les Rousseau etc." wurden unter den 3 berühmten Helden der Revolution auch Condorcet genannt. Wer ist dieser Condorcet? Der französische Berichterstatter sagte im Jahre 1794: „Der Haß Condorcets gegen den Hof schreibt sich von der ab= „schlägigen Antwort her, die man ihm wegen seines Gesuchs um „die Hofmeisterstelle beim Dauphin erteilte. Er schlug sich zu den „Jakobinern; diese trauten ihm anfangs nicht, er erweichte auch „zwei ihrer Oberhäupter durch die Reize seiner Frau. Der biedere „Herzog von Rochefoucauld war Condorcets Wohlthäter und Gönner „viele Jahre lang. Dafür ließ ihn dieser im September 1792 in „den Armen seiner Mutter und Gattin auf seinem Gute morden. „Er hat das Ansehen eines feinen Mannes, eine fein gebogene „Nase, blasse Farbe, Eitelkeit und Selbstzufriedenheit leuchten aber „aus jedem Zuge, er ist jetzt geächtet."

Der im Appel vom 14. Juli 1887 erwähnte gefeierte Philo= soph Diderot schrieb auf den Rand seines Exemplars von Tacitus unter anderen Sprüchen auch folgenden: „Ein Staat wankt, wenn „er säuberlich mit seinen Mißvergnügten verfährt, er geht zu Grunde, „wenn er sie aus Furcht zu den ersten Würden erhebt." Dieser Satz erscheint etwas stark, aber wir ersehen daraus, daß ein Philosoph, der Freiheit predigt, nicht bedenkt, daß der Stein, einmal im Rollen, nicht aufzuhalten ist. In dem Appel vom 14. Juli 1887 figuriert auch die Eroberung der Bastille als ein großes Werk der Patrioten. Hören wir, was der Franzose Beffroy=Reigny (genannt Cousin Jacques), Vizepräsident des Zivilausschusses, einer von den Wahl= herren von Paris und beim französischen Volke sehr beliebt, über die Eroberung der Bastille schreibt: „Der einzig wahre Bericht von „der Eroberung der Bastille, der in Paris öffentlich ausgerufen „und verkauft wurde und wovon nicht weniger als 56 000 Exem= „plare gedruckt worden sind, rührt von mir her. Ich schrieb ihn „im Hofe des Stadthauses, denn man schleppte mich sozusagen „beim Kragen dahin und drohte mir mit dem Laternenpfahl, wo= „fern ich mich weigern würde, denselben zu verfassen. Der Hof „war mit einer ungeheuren Anzahl Pariser Bürger und französischen „Gardisten angefüllt, die mir den Inhalt in die Feder diktierten. „Bei jeder Zeile hielt ich wohlbedächtig ein und fragte, ob dies so „recht sei oder ob ich dafür etwas anderes hinsetzen solle und nur „dann erst behielt ich den Inhalt bei, wenn er von der größeren

"Anzahl gebilligt wurde. Die Herren Bailly, Lafayette und de la
"Salle gaben meiner Arbeit ihren Beifall und sanktionierten die=
"selbe, bevor sie gedruckt wurde. Dies war das erste Abenteuer,
"welches mir begegnete. Es verschaffte mir das Diplom als Sekretär
"bei der Kompagnie der Freiwilligen von der Bastille nebst dem
"kleinen dreifarbigen Band, worauf eine zerstörte Bastille abgebildet
"war. — Der nämliche Zufall führte nachher mehr als 1700 Über=
"winder der Bastille zu mir, die samt und sonders vorgaben, sie
"hätten sie erobern helfen. — Mit einem Worte, unter der großen
"Anzahl von Revolutionshelden, deren Bekanntschaften mir diese
"Bastille verschaffte, gab es Leute von allerlei Art; besonders be=
"merkte ich darunter sehr viele Lügner und Ränkemacher, die darauf
"ausgingen, sich dieser Bastille als eines Hilfsmittels zu bedienen,
"um sich aus ihrem Nichts emporzuheben und in Paris eine Rolle
"zu spielen. Es befanden sich Leute darunter, die nachmals bei den
"Armeen als Generale angestellt wurden; auch andere, die nachher
"bei allen merkwürdigen Epochen der Revolution als Jakobiner
"sich auszeichneten und dermalen, wie ich nicht anders weiß, sich
"Patrioten von 1789 nennen. Auch könnte ich Personen darunter
"nennen, die sich in der Folge als die größten Bösewichter aus=
"zeichneten, und die Kunst verstanden, das Vertrauen der Regierung
"zu erschleichen, gegen die sie doch unaufhörlich Verschwörungen an=
"zettelten. Diese Geschichte der Bastille verschaffte mir Gelegenheit,
"ganz abscheuliche Leute kennen zu lernen.

"Sollte man dann aber wohl glauben, daß es nicht nur höchst
"unpolitisch, sondern sogar gefährlich sein würde, wenn ich der
"Wahrheit gemäß öffentlich bekannt machen wollte, wie und von
"wem dieselbe eigentlich bewirkt wurde und was für Personen sich
"dabei zu den vornehmsten und thätigsten Werkzeugen gebrauchen
"ließen? Deswegen habe ich auch noch zur Zeit weiter nichts
"davon bekannt gemacht, als was sich ohne Nachteil bekannt
"machen ließ.

"Ich, der ich diese Leute sehr genau beobachtet habe, kann
"auch mit Wahrheit versichern, daß eine große Anzahl derselben
"nicht im geringsten für das Beste des Vaterlandes, wohl aber desto
"mehr für ihr eigenes Interesse besorgt waren. Sollten dies viel=
"leicht die Leute sein, worauf ihr euch dermalen anno 1795 als
"auf die Patrioten von 1789 beruft? Einer dieser Patrioten,

„der ein Bäckerknecht war und dem Vernehmen nach in der Folge
„unter dem berüchtigten Triumvirate als Oberoffizier angestellt
„worden ist, erzählte mir jede unmenschliche That, die er verübt
„hatte, mit einer grimmigen Schadenfreude. Unter anderem zeigte
„er mir seine Mütze, worauf sich noch Flecken von dem Gehirn
„eines der Ermordeten befanden. Sehen Sie, sprach er, dies ist
„Aristokratenhirn.

„Hat man nicht gleich vom Anfang der Revolution durch er=
„dichtete Berichte, erdichtete Versicherungen, erdichtete Anklagen, durch
„Schmähzettel, Pasquille und sogar durch ganz ungegründete Prokla=
„mationen das Volk hintergangen?

„Bewog man es nicht im Jahre 1789 um deswillen die Waffen
„zu ergreifen, weil man vorgab, daß ganze Räuberbanden diese
„Veranstaltung notwendig machten? Gut, wer sagte denn dies dem
„Volke? Die neuen Herrscher der damaligen Zeit. Gab es denn
„wirklich Räuber? Mit nichten!

„Man trieb die Sache noch viel weiter; man ließ es nicht
„dabei bewenden, nur diejenigen ums Leben zu bringen, die keine
„Lügner sein wollten, man ermordete sogar die, welche sich weigerten,
„Lügen zu glauben."

Charles Villete, der eine Rolle bei allen Nationalversamm=
lungen spielte, er, der Revolutions= und Volksfreund war, er, der
das Schauspiel von Voltaires und Mirabeaus Leichenbegängnis
ordnete, er, der seinen Sohn Voltaire Villete nennen und statt der
Taufe bloß der Munizipalität präsentieren ließ, — er schrieb
1793 in der Chronique de Paris:

„Man versichert, daß seit 8 Tagen mehr als 14 000 Per=
„sonen Paris aus Furcht vor den Proskriptionslisten verlassen haben.
„Man sollte zwar glauben, daß diese 14 000 Angeklagte es die
„Handvoll ihres Anklägergesindels ernstlich empfinden
„lassen werden. — Aber nichts weniger als das: Die guten
„Pariser haben die Gefälligkeit sich wegzuschleichen,
„statt daß sie, die größtenteils mit Piken und Bajo=
„netten bewaffnet sind, diese Fabrikanten von Pro=
„skriptionslisten so gut zu Paaren treiben könnten.
„O Schande, o Brandmal von Ohnmacht und Gleich=
„gültigkeit! Unglückliche, wähnet ihr, daß jemanden die Lust
„anwandeln könnte, Einwohner einer Stadt zu werden, wo Gewalt=

"thätigkeit und Mord gewöhnliches Tagewerk geworden sind, wo
"die konstituierten Autoritäten herabgewürdigt und die Volksver-
"treter selbst in dem Heiligtum der Gesetze beschimpft werden?
"Wähnt ihr, daß der Fremdling sich in einem Lande ansiedeln soll,
"wo eine Revolution die andere jagt und wo sie von Männern
"geleitet werden, denen es an Talenten, an physischen und mora-
"lischen Kräften gebricht und deren ganzes Verdienst in einer be-
"rüchtigten Wildheit und Grausamkeit besteht? Diese kindischen
"Affen der Mariusse und Syllas beschleunigen ihren eigenen Sturz
"und werden bald dem öffentlichen Abscheu und Verachtung preis-
"gegeben werden."

So schrieb Villete, einer der Koryphäen der Revolution, so
schrieb er anno 1793. Er wurde als Kontrerevolutionär angeklagt,
starb aber 1793.

Hören wir noch zum Schlusse, wie das französische Volk nach
der Schreckenszeit (von 1789—1795) sich im Jahre 1795 über diese
Revolution äußerte:

"Seit dem 9. Thermidor schien das Volk gleichsam aus einem
"furchtbaren Traume, aus einer Art von Todesschlummer zu er-
"wachen. Es erstaunte und verwünschte seine Irrmacher. Jeden
"Tag, jede Stunde, jede Minute entdeckte es neue Gruben, die man
"ihm zubereitet hatte und sprach einmal über das andere: Ei, du
"gerechter Gott, wie schändlich hat man uns betrogen! Wie? Alle
"jene Menschen, die man uns als Verschwörer schilderte, waren
"dann also keine Verschwörer? Wie? Diejenigen, welche wirklich
"Verschwörungen anzettelten, waren also die nämlichen Menschen,
"die uns regierten? Sie, die über die Erhaltung der Freiheit
"wachen sollten, suchten bloß die Tyrannen zu befördern? Wie?
"jene vorgeblichen großen Patrioten besaßen nicht einmal
"Vaterlandsliebe? Jene großen Volksverteidiger waren weiter auf
"nichts, als nur auf ihre selbsteigene Verteidigung bedacht?"

Und heute, kurze Zeit vor dem Jahre 1889, schreibt die
französische Zeitung „Cri du peuple": „Die Radikalen werden die Re-
"volution unvollendet lassen. Darum sagen wir, wer dem Volk
"wirklich die Freiheit geben will, überliefere ihm zuerst das Kapital."
Das Kapital besitzt aber derjenige, welcher es mit Fleiß und Geschick
erworben, oder einer, der es ererbt hat; wenn dieser letztere aber
kein Haushälter ist, so geht es rasch in andere Hände über. Wird

nun diesen Personen nach dem Wunsch der Patrioten von 1889 das Kapital weggenommen, wer wird dann noch fleißig sein und Kapital erwerben wollen? Wer wird die Steuern zahlen? Von wem wird man Geld zu nützlichen Arbeiten entlehnen können? Die Diebe, welche das Kapital holen wollen, zahlen keine Steuern. Diese Diebe sind selbstverständlich gleichzeitig Mörder, weil ihnen das Kapital nicht gutwillig ausgehändigt wird. Staatsbankrott wie anno 1794 tritt ein und erst nach unberechenbaren Verlusten, die den fleißigen Arbeiter brotlos machen und den Besitzenden mit seinem Kapital zur Auswanderung nötigen, stellt ein Haudegen mit einem Assistenten, der einen ungeheuren Besen hat, die Ordnung wieder her.

Anhang.

Original des Schreibens S. E. des Feldmarschalls Grafen von Souworow-Rymnikski an Herrn von Charette, Generalissimus der k. Truppen in der Vendée.

„Héros de la Vendée! Illustre défenseur de la foi de „tes pères et du trône de tes rois! Salut! Que le Dieu des „armées veille à jamais sur toi; qu'il guide ton bras à travers „les bataillons de tes nombreux ennemis, qui, marqués du „doigt de ce Dieu vengeur, tomberont dispersés, comme la „feuille qu'un vent du nord a frappé. Et vous, immortels „Vendées, fidèles conservateurs de l'honneur des Français dignes „compagnons d'armes d'un héros, guidés par lui, relevez le „temple du seigneur et le trône de vos rois. Que le méchant „périsse! que sa trace s'efface! Alors que la paix bienfaisante „renaisse, et que la tige antique des lys que la tempête avait „courbée, se relève du milieu de vous, plus brillante et plus „majestueuse."

„Brave Charette! honneur des chevaliers français! L'uni„vers est plein de ton nom, l'Europe étonnée te contemple „et moi, je t'admire et je te félicite. Dieu te chérit. Adore „ses décrets. Vole, attaque, frappe, et la victoire suivra tes pas."

„Tels sont les voeux d'un soldat, qui blanchi aux champs „d'honneur vit constamment la victoire couronner la confiance

Anmerkung. Dieser Brief befindet sich unter denen zu Paris gedruckt erschienenen, aufgefangenen Briefen der Vendée.

Großfürst Constantin, Sohn des mächtigen Monarchen, den das dankbare Europa als einen seiner Befreier und Erretter der Nachwelt preist, entflammt von dem Heldengeiste seines Stammes, eilte aus Petersburgs Palästen in die Schlachtgefilde des fernen Welschlandes.

„qu'il avait placée dans le Dieu des combats. Gloire à lui!
„car il est la source de toute gloire. Gloire à toi! car il
„te chérit."

Le 1 Octobre 1795 à Varsovie.

Übersetzung ins Deutsche.

Gruß dem Helden der Vendée! Heil dem berühmten Verteidiger des Glaubens Deiner Väter und des Thrones Deiner Könige! Der Herr der Heerscharen wache immerdar über Dir; Er leite Deinen Arm, den Scharen Deiner zahlreichen Feinde zu widerstehen, welche getroffen vom Finger dieses rächenden Gottes fallen mögen, wie die Blätter, die der Nordwind geschüttelt hat. Und Ihr, unsterbliche Kämpfer der Vendée, treue Pfleger der Ehre der Franzosen, würdige Waffengefährten eines Helden, errichtet wieder unter seiner Führung den Tempel des Herrn und den Thron Eurer Könige. Möge der Bösewicht umkommen und seine Spur verwischt werden, damit alsdann der wohlthätige Friede wieder herrsche und der uralte Stamm der Lilie, welche der Sturm umgebogen hat, glänzender und majestätischer sich wieder unter Euch erhebe.

Tapferer Charette, Du Stolz der französischen Ritter! Das Weltall ist Deines Namens voll; das erstaunte Europa sieht auf Dich und ich, ich bewundere Dich und beglückwünsche Dich. Gott liebt Dich. Halte seine Befehle in Ehren! Eile, greife an, schlage drein und der Sieg wird Deinen Schritten folgen.

Das sind die Wünsche eines Soldaten, dessen Haare auf dem Felde der Ehre gebleicht sind, und der jederzeit sah, wie der Sieg das Vertrauen krönte, das er auf den Herrn der Heerscharen gesetzt hat.

Ruhm sei Dir, Dein Gott liebt Dich.

Den 1. Oktober 1795 zu Warschau.

Liste

der von Errichtung des Revolutions-Tribunals März 1793 bis
Juni 1794 in Paris geköpften Personen:

Name und Stand.	Alter.	Hinr.
		April
Luthier. Grenadier, dann Kanonier des Bataillons der Sorlonne	40	11
Blanchelande. Maréchal du camp und Gouverneur zu St. Domingo	—	15
Guyot. Trödler. Wegen falscher Assignate	—	16
Catharina Clerc. Dienstmagd, weil sie einen König gewünscht . .	55	19
Panjour. Dragoner-Oberst. Wegen Dumouriez	47	20
Clinchamp. Prior de la Trinité de Clisseu. Als Verfasser der ronalistischen Schrift: aux amis de la vérité	58	21
Durigny. Schiffslieutenant. Emigriert	30	—
Boucher. Zahnarzt. Wegen Dumouriez	—	28
Mangol. Fiaker. Er hatte in einem Kaffeehause gesagt, die Nation bestehe aus Lumpenhunden, Spitzbuben, Bösewichtern; man müsse einen König haben	21	—
		Mai
Juzeau. Kaufmann. Emigriert	23	1
Graf Mazu. Ehemaliger Gendarme-Offizier. Er war zu Konstantinopel geboren; man beschuldigte ihn, und die beiden mit ihm Hingerichteten, sie hätten die Caisse Bussi wieder errichtet und Geld für die französischen Prinzen aufnehmen wollen .	34	—
Josephine de Robec. Gemahlin des Finanz-Pachters Kolly, und vorher Witwe eines Kaufmanns zu Orient	35	—
Breard. Marine-Kommissär	54	—
Revier-Maury. Edelmann; gewesener Dragoner-Hauptmann . .	40	9
Beaulieu. Bedienter	36	—
Joseph Miaczinsky, aus Polen. Divisions-General. Er hatte sich vor 20 Jahren bei der Konföderation in Polen ausgezeichnet, wo ihn Dumouriez kennen lernte, und ihm, als er auswandern mußte, eine Stelle in französischen Kriegsdiensten verschaffte. Bei seiner Armee machte er ihn, nach der Revolution, zum General. Er kommandierte mit in Belgien 1793, als Coburg die Franzosen vor sich her jagte. Dumouriez, als er die Kommissarien in Verhaft nehmen lassen, trug ihm auf, sich		

Name und Stand. Alter. Hinr.
Mai

Lille zu bemächtigen. Allein der Pole vertraute das Ge=
heimnis dem bekannten St. George, Chef einer Legion, an,
der ihn verriet; und so nahm man ihn zu Lille in Verhaft.
Dumouriez gibt ihm das Zeugnis, er sei in der Schlacht eben=
so tapfer gewesen, als er sich feig auf dem Schafott zeigte . . . 45 22
Philipp Derone, aus Brüssel. Adjutant von Dumouriez . . . . 30 —
St. Ware. Kaufmann. Er und die vier folgenden wegen falscher
   5=Livres=Assignate . . . . 36 Juni 6
Lientaud. Gelehrter . . . . 37 —
Bremond. Gewesener Entrepreneur des Marktschiffs auf der Marne 35 —
Dejuillet. Gewesener Rittmeister . . . . 24 —
Richemond. Rechtsgelehrter . . . . 27 —
de la Motte la Gniomarais der Vater. Ein bretagneischer Edelmann 50 17
Maria Micault. Dessen Gemahlin . . . . 50 —
Alexander Thebault, Hofmeister in dessen Hause . . . . 22 —
Lemoëlan. Ein bretagneischer Edelmann . . . . 59 —
Angelica Desilles, verheiratete la Fouchais. Schwester des jungen
   Helden Desilles, der bei Nancy sich durch seine Aufopferung
   verewigte: hätte er da diesen Schafotts=Tod seiner Schwester
   ahnden können? . . . . 24 —
de Lanrai. Generallieutenant der Admiralität . . . . 57 —
de Grandville. Ein Edelmann . . . . 34 —
Grout de la Motte. Schiffskapitän . . . . 50 —
Fräulein Fougeres. Tochter eines bretagneischen Parlamentsrats 30 —
Fonterieur. Gewesener Offizier eines Jäger=Regiments . . . . 34 —
Pontarice. Edelmann und Offizier . . . . — —
Vincent. Englischer Sprachmeister zu St. Malo . . . . 48 —
Charlotte Corday d'Armand. Fräulein; die Mörderin Marats . 25 Juli 17
Malherbes, der Sohn. Edelmann; emigriert 20 21
Mazeliere. Rittmeister; emigriert 30 23
Bois=Vernier. Edelmann und Offizier 36 25
August
de Chouville. Edelmann . . . . — 1
Tournier. Edelmann 67 3
Lescure. Brigadegeneral. Wegen Dumouriez' Verschwörung . . 9 14
Custine. General; dieses Mannes Prozeß, der im Jahre 1792 der
   Schrecken eines Teils von Deutschland, und das Idol seiner
   Demokraten war, ist teils besonders abgedruckt, teils in Gir=
   tanners Journal eingerückt, und zu bekannt, als daß ich nicht
   bloß daran erinnern sollte. An eben dem Tage wo Mainz
   kapitulierte, setzte man ihn zu Paris in Verhaft 27
Acht Bürger aus Rouen und eine Frau, weil sie den Freiheits= Sept.
   baum umgesägt 5
Charles. Huissier 10 11

Name und Stand.	Alter.	Hinr. Sept.
Levoque. Präsident der Elektion von Mortrain	58	19
Masson. Pfarrer zu Germain-Duplein	40	22
Ricard, verwitwete Lefebure. Weil sie Péthions Schwiegermutter war, der von dem Gipfel der Revolutionsgröße plötzlich zum Geächteten sank	56	24
Lecarbonnier	—	—
		Oktober
Fünf Soldaten, weil sie Rekruten abwendig gemacht	—	7
Schobeque. Maire zu Kassel bei Dünkirchen	66	—
Le Brun. Inspektor der Remonte	51	8
Jacques und Peter Bellanger. Zwillingsbrüder: Ochsenhändler, weil sie der Cordays That gepriesen	—	—
Charlotte Moutan. Ein lediges Frauenzimmer	22	9
Gorias. Deputierter des Konvents. Man sehe den vorjährigen Rev. Alm. von ihm nach; seine letzten Worte waren: Ich empfehle mein Weib und meine Kinder denen die mich hören. Ich bin unschuldig; mein Andenken wird gerochen werden . .	40	—
Guichard. Dorfpfarrer. Er hatte, als er die Ermordung Lepelletiers erfuhr, gesagt: Wollte Gott es ginge dem ganzen Konvent so, so wäre Frankreich glücklicher!	40	—
Dupain	56	—
Barlot. Instituteur	40	—
Bouilenen. Dorfpfarrer	39	—
Maria Antoinette, Königin von Frankreich: Märtyrin. — Gedenkt ihres schmählichen und ungerechten Todes, ihr Deutsche und Ungarn, die ihr in diesem Augenblick im Feld steht! gedenkt ihrer, und rächt sie und Deutschland!	38	16
Zwei Geistliche	—	29
Brissot. Gelehrter. Deputierter des National-Konv. (Man schlage den vorjährigen Rev.-Alm. nach)	39	31
Vergniaur. Rechtsgelehrter. Deputierter des N.-Konv.	35	—
Gensonné. Rechtsgelehrter. Deputierter des N.-K. Er war unter den Brissotinern derjenige der die meiste Rechtschaffenheit besaß	35	—
Lause-Duperret. Landmann und Deput. des Nat.-Konv.	46	—
Carra. Gelehrter und Bibliothekar, Deput. des Nat.-K. Man schlage den Rev.-Alm. von 1793 und 1794 nach	50	—
Gardien. General-Profur. Synd. zu Chatel-Berault. Dep. des N.-K.	39	—
Duprat, aus Avignon. Kaufmann, Deput. des N.-Konv.	33	—
Maranis Brûlart Sillery. Von seinen Renten lebend. Deput. des National-Konvents	57	—
Fauchet. Bischof von Calvados; Deput. des Nat.-Konv.	49	—
Ducos. Gelehrter; Deput. des Nat.-Konv.	28	—
Fonfrede. Landeigentümer; Deput. des Nat.-Konv. Vor der Rev. Kand. des Predigtamts zu Lausanne	27	—

Name und Stand.	Alter.	Hinr.
		Oktober
Lasource. Deput. des Nat.=Konv.	39	31
Beauvais. Distrikts-Einnehmer, Deput. des Nat.=Konv.	43	—
du Chastel. Landmann. Deput. des Nat.=Konv.	27	—
Mainvielle, aus Avignon. Deput. des Nat.=Konv.	28	—
Lacaze. Kaufmann. Deput. des Nat.=Konv.	42	—
Lehardy. Arzt. Deput. des Nat.=Konv.	35	—
Boileau. Friedensrichter. Deput. des Nat.=Konv.	40	—
Antiboul. Rechtsgelehrter. Deput. des Nat.=Konv.	40	—
Vigée. Grenadier. Deput. des Nat.=Konv.	36	—
Leroy. Gendarm. Er setzte sich zu Wehre als er sein Todesurteil hörte, und wollte den Richtern zu Leibe, allein die Huissiers bemächtigten sich seiner	—	November 2
Deschamps. Uhrmacher	—	
Drei Mitglieder der Volkskommission zu Bordeaux	—	3
Olympia de Gouges. Verwitwete Aubry; Schriftstellerin; Verfasserin vieler Revolutions=Schauspiele, und einiger schönen Gedichte. Sie war eine Brissotinerin. Sie gab sich für schwanger aus, und fristete dadurch um einen Tag ihr Leben	38	4
Lur, aus Offenburg. Doktor der Philosophie, Deputierter des sogenannten Konvents zu Mainz. Er lebte zu Kostheim auf einem kleinen Gütchen, mit seiner Frau einer Frankfurterin, und seinen 9 Kindern sehr häuslich und vergnügt, als plötzlich der Revolutions=Schwindelgeist ihn ergriff, und all sein Glück zerstörte. Er verliebte sich in die Cordau bei ihrer Hinrichtung, pries und verteidigte sie schwärmerisch, und verlor darüber sein Leben. Er starb als Schwärmer	27	5
Marie Magdalene Coutelot. Arbeiterin in der Hansfabrik	—	6
Josephine Dubot, verheiratete Kolly. Sie hatte schon am 3. Mai gerichtet werden sollen, aber sich für schwanger ausgegeben	—	
Philipp Herzog von Orleans. Dep. des N.=Konv. Haupturheber des Unglücks das die Revolution über Frankreich brachte	—	
Constard. Lieutenant der Marschälle von Frankreich	—	
Lesage. Dachdecker zu Corbeil	—	
Laroque. Edelmann	73	
Peter Houdler. Wechselagent	36	—
Olivier. Huissier	38	7
Rideau. Maurer und Munizipal zu Pont=de=Cé	51	-
Hern. Pachter und Munizipal ebendaselbst	45	—
Cailleau. Sekretär der Munizipalität daselbst	41	—
Clain. Faßbinder und Munizipal daselbst	66	—
Maria Philippine Roland. Frau des gewesenen Ministers des Innern	39	8
La Marche. General=Direktor der Assignatenfabrik	35	—
Bailly. Astronom; erster Maire von Paris		10

— 31 —

Name und Stand.	Alter.	Hinr. Novbr.
Duchesne. Hausintendant von Madame der Tochter des Königs	58	14
Manuel. Gelehrter. Prokurator der Gemeine von Paris, Dep. der Nat.=Konv. Man schlage den vorjährigen Rev.=Alm. nach	—	—
Brunet. Divisions=General und Kommandant der italien. Armee	—	—
Houchard, aus Forbach. General en Chef der Mosel= und dann der Nord=Armee. War vor der Revolution Roßkamm, und hatte den Abschied als Lientenant. Custine machte ihn zu seinem Adjutanten, dann zum Obersten des Regiments, wo er vor der Revolution Lieutenant gewesen, und ließ durch ihn Mainz und Frankfurt auffordern. Bald wurde er General. Alle demokratischen Blätter waren voll von seiner Tapferkeit und Kriegskunst; Stamm, der famose Stamm, nannte ihn nur den Despoten=Würger. Ohngeachtet er bei Hondschooten glücklich war, so fiel er doch in die Ungnade der Jakobiner. Er überlebte seinen Wohlthäter Custine also nicht lange, gegen den er sich so schwarz und undankbar betrug, daß er sogar sein Ankläger wurde	53	16
Saint=Prix. Invalide und gewesener Werber	—	19
Duparc. Inspektor der Tuilerien; Invalidenhauptmann	67	—
Dupré. Unteraufseher der Handschriften der National=Bibliothek; Redakteur des ehemaligen Brissotischen Journals, le patriote Français, das zu seiner Zeit als eines der wütigsten und patriotischsten berühmt war, und jetzt als aristokratisch verdammt wird, weil Brissot der eigentliche Verfasser war: kalt und warm aus einem Munde	—	20
Boisguyon. General=Adjutant der Brester Armee	—	—
Chateauthiery. Oberstlieutenant, und nach der Revolution Brigade=General. Noch wegen der Verteidigung des Königs am 20. Juni 1792	72	23
Desormeaur. Als falscher Zeuge	52	24
Marchand. Lieutenant der National=Gendarmerie	59	25
Lamarliere. Divisions=General der Nordarmee	—	26
Barnave. Deput. der Nat.=Verf.	—	29
Duport=Dutertre. Ministre de la Justice während der Revol.	—	—
Groudel. Weil er auf ein Assignat von 15 Sols in einer Schenke vive le roi! geschrieben	31	—
Werwick, aus Flandern. Pfarrer zu Harbruck	45	—
Therese Werwick. Schulmeisterin an der Armenschule zu Harbruck	46	—
		Dezbr.
Ribours. Ohne Profession	57	1
Lebas. Konstitutionsmäßiger Dorfpfarrer	50	
Lenillot. Desgleichen	70	
Aubert. Edelmann	28	
Gagnier. Dorfpfarrer	59	—

Name und Stand.	Alter.	Einr. Tschr.
Carrefons, genannt Marolle. Edelmann	60	1
Barentin von Carrefous. Gemahlin des obigen	45	—
Carrefous. Der Sohn, Lieutenant	23	—
Lementon, genannt Chaffen. Edelmann	53	—
Vincenot. Besitzer eines Hotel garni	56	2
Manduit. Weinschenke und Traiteur	49	—
Aubry, der Sohn. Eine Kostschule haltend	24	—
Suder, aus Landau. Schuster. Wegen schlechter Schuhe	52	—
Flamand. Schuster. Wegen schlechter Schuhe	58	—
Gorneau. Beim Büreau des Ministers des Innern angestellt	20	3
Dufresne. Medikus. Weil jetzt alles den Soldaten in Frankreich äfft, so heißen die Aerzte: officiers de santé	—	—
Keriaint. Graf, See-Offizier, Deputierter der zweiten Nat.-Vers. und des Konvents	52	4
Rabaud St. Etienne. Protestantischer Prediger, Deputierter der ersten und der zweiten Nat.-Vers. und des Konvents	—	5

Johanna Vaubernier, Gräfin Dubarry. Die letzte Maitresse Ludwigs XV. und die letzte die Frankreich hatte, denn Ludwig XVI. lebte streng. Unter den Anklagspunkten die man gegen sie vorbrachte, befanden sich unter andern, folgende: sie habe eine silberne Münze mit Pitts Bildnis bei sich getragen; sie habe Büsten von der königlichen Familie in ihrem Garten begraben; sie habe sich eine Sammlung von satyrischen Kupfern auf die Revolution gemacht rc. Ihr Reichtum war eigentlich ihr Verbrechen und ihre Verbindung mit den Brissotinern, sonderlich mit dem Zeitungsschreiber und nachherigen französischen Staatsminister Lebrun, der sie auch mit Pässen nach England versah, als sie dem Dieb nachsetzte, welcher ihre Juwelen gestohlen hatte, und wirklich so glücklich war, den größten Teil derselben zu London wieder zu bekommen. Man legte ihr dieses als Emigration aus, da sie es doch mit gesetzlicher Erlaubnis gethan hatte. Als Freudenmädchen war sie zu Paris als Mamsell Lange bekannt, und verleugnete den Charakter einer solchen, noch als königliche Geliebte nicht. Sie war leichtsinnig, eitel, verschwenderisch, aber eigentlich ein gutmütiges, harmloses Geschöpf, über welches Frankreich weniger zu klagen hatte, als über irgend eine der vorigen Maitressen. Denn daß sie Choiseul stürzte, und bei Aufhebung des Parlaments mitwirkte, war nicht sowohl ihr Betrieb, als Betrieb der Hofkabale, die sie zum Werkzeug brauchte. Das einzige, was ihr Paris einstmals sehr übel auslegte, war der Einfall, auf den Schlag ihres Wagens das alte Feldgeschrei der Franzosen, bonte en avant! setzen zu lassen; eine zweideutige Anspielung, die sich nicht gut erklären läßt. Nach

Name und Stand.	Alter.	Hinr. Dezbr.

Ludwig XV. Tod wurde sie nach Abtei-Mazarin, dann nach
Meaur in die Abtei **Pont-aux-Dames** exiliert. Zuletzt erhielt
sie Erlaubnis, in ihrem schönen Pavillon zu Louveciennes,
unweit Marly, zu wohnen. Da sie dem Volke nichts zu
leid gethan, und gutthätig war, so liebte sie das Volk, und
so läßt sich es begreifen, warum sie, bis zu Robespierres
Regierung, während der Revolution so ruhig und ungestört
leben konnte. Louveciennes ist ein wahrer Zauberpalast, wert
einer solchen Fee. Unter den Statuen ist die berühmte Diana
im Bade. Als Kaiser Joseph in Frankreich war, besuchte er
auch Louveciennes. Die Gräfin kam in den Garten, um selbst die
Honneurs ihres Hauses zu machen. Der Kaiser bot ihr den Arm;
sie weigerte sich diese Ehre anzunehmen, worauf er die äußerst
feine Antwort gab: la beauté est toujours Reine! — Sie starb
ganz als Weib, und ging in einer Ohnmacht in jene Welt über 42 9

Vandenyver, aus Amsterdam. Bankier; sein und seiner Söhne
   Verbrechen, Reichtum . . . . 66 —
Vandenyver. Der älteste Sohn . . . . 32 —
Vandenyver. Der jüngste Sohn . . . . 23 —
Noël. Deputierter des Nat.-Konv. Ein Brissotiner . . . . . . 66 —
Desfales, aus Moudon im Pays de Vaud. Juwelierer; dann Leder-
   und Monturen-Lieferant für die Armeen . . . . 40 —
Bouchel. Mannsschneider . . . . 30 —
Pinard. Desgleichen . . . . 32 —
Bouillon. Desgleichen . . . . 30 —
Poujol. Desgleichen . . . . 31 —
Ragault. Administrator bei dem Monturenwesen. Er und die fünf
   obigen wegen Unterschleif . . . . 36 —
Descours. Edelmann, Rittmeister, dann Adjutant der konstitutions-
   mäßigen königl. Leibgarde 68 11
Catharina Halbourg. Putzmacherin 34 12
Doigrevon, verwitwete Ferning. Witwe . . . . 45 —
Magdalene Doigrevon. Ihre Schwester . . . . 50 —
Herzog von Chatelet. Oberst des Regiments Gardes Françaises.
   Sein Regiment konnte ihn nicht leiden, und man behauptet,
   daß es nie zur Rebellion wäre verleitet worden, wenn es
   einen andern Oberst gehabt hätte 66 13
Bruntan. Prokurator zu Maubeuge 55 14
Pordiez. Emigrant . . . . 33 —
Macli. Würzkrämer, Monturstücke-Kommissär 30 16
Tormellier. Kaufmann, Monturstücke-Kommissär . . . . . . 33 —
Meunier. Perückenmacher und Kommissär . . . . 33 —
Gibelin. Mannsschneider. Er und die drei obigen wegen schlechten
   Lieferungen . . . . 43 —

Name und Stand.	Alter.	Hinr. Dezbr.

Fontel. Edelmann und Lieutenant, Kommandant eines Lyoner
   Bataillons 36   16
Leinre. Friedensrichter und Deputierter der zweiten Nat.=Versi. . 50   17
Parlet. Schreiber; nach der Revol. Aufseher über das Fuhrwesen=
   Depot 24   —
Peyre. Dorfpfarrer 27   —
Lecomte. (Geistlicher; weil man des écrits fanatiques, d. i. Andachts=
   bücher, bei ihm gefunden 28   —
Tragon. Edelmann und Infanterie=Hauptmann 39   18
Convey. Rechtsgelehrter, öffentlicher Ankläger des Distrikts von
   Cambrai 44   —
Fayel. Parlaments=Prokurator; nach der Revolution Friedens=
   richter 42   —
d'Hervillé. Ex=Jesuite 67   21
Marie Poullin. Matrone, von ihren Renten lebend 60   —
Margaretha Penard. Dienstmagd der obigen 30   —
Hortier. Schnitter 33   22
Lafosse. Kaufmann; wegen schlechter Tuchlieferung zu Monturen 28   24
Lorin. Kammerdiener der Gräfin Dubarry 44   —
Malondie. Edelmann und gewesener Marinekommissär. Emigriert 49   —
Karoline Adam, verwitwete Gravand, aus Berlin 41   —
Burg, aus Merzig, Taglöhner 63   25
Kurt, ebendaher. Leineweber 48   —
Kurz, ebendaher. Strohdachdecker 57   —
Allard. Dorfpfarrer 55   —
Prevost le Croix, aus Nordamerika, Schiffskapitän 42   —
Cornot. Bäcker zu Paris 41   —
Laroque. Arzt . . . . —   26
Laroque=Tremeira, sein Bruder; Schiffskapitän . . . . —   —
Barrois. Bei der Monturlieferung angestellt. Wegen des Vor=
   falls im Champ de Mars, unter la Fayette 1791, wo der
   Pöbel durch einige Flintenschüsse der Nationalgarde ausein=
   ander gestäubt wurde; Barrois und Clément waren von
   denen, die auf ihn schossen, weil es la Fayette befohlen . . 49   —
Clément. Uhrmacher. Eben deswegen 33   —
d'Ancourt. Direktor der General=Pacht 50   27
Tondu, genannt Lebrun, aus Lüttich. Minister der auswärtigen
   Angelegenheiten; vorher Zeitungsschreiber zu Lüttich. Man
   sehe den vorigen N.=A. nach 39   —
Dieterich. Maire zu Straßburg 39   —
Herzog von Biron. General der Armee. Er kommandierte am
   Rhein, zu Nizza, in der Vendée, und war einer von den
   Großen, welche die Revolution begünstigten, durch sie im

Name und Stand.	Alter.	Hinr. Dezbr.
Trüben fischen wollten, und nur ihren Untergang fanden." Er ließ die Bastille stürmen	46	31
Farrolles. Edelmann, Infant.-Lieutenant, dann Priester, dann Kriegskommissär, dann Adjutant des Dumouriez, dann Direktor der Korrespondenz des Lagers bei Paris. Ein großer Abenteurer	36	Jan. 1794. 1
Agatha Jolivet. Geschiedene Frau des Zacharias Baran	37	—
Panchempute. Geistlicher. Er hatte in seinem Zimmer Blut von Ludwig XVI. aufgehoben	34	—
Rosalia d'Albert, aus Wien. Eine Kurtisane des Palais Royal	23	2
Champagne. Kanonikus und Groß-Chorsänger der Domkirche zu Troyes	43	—
Maria Chretien, verheiratete Narret. Weil sie den Kanon. Champagne in ihrem Hause versteckte	32	—
Custine der Sohn. Ein edler junger Mann. Er war als bevollmächtigter Minister 1791 zu Berlin, wo ihn jedermann schätzte; er wurde in der Folge General-Adjutant bei Luckner und bei seinem Vater, zeichnete sich zu Mainz, Frankfurt ꝛc. durch sein kluges und tapferes Betragen aus, und starb ... weil er Custines Sohn war, den die Nation plündern wollte	25	3
Clere Ladeveze. Edelmann, Ludwigs-Ritter, Oberst-Lieutenant. Noch wegen des 10. Augusts	45	—
Dugay-Morange. General-Prokurator der Cour des Aides zu Paris	67	4
Nikolas Luckner. Marschall von Frankreich. Eine Anekdote seiner Jugend betreffend, steht im vorjährigen N.-A. Der Krieger, vor dem im siebenjährigen Kriege der Franzmann lief und bebte, stirbt als französischer General zu Paris auf dem Schafott, weil Habsucht ihn abhielt nach Deutschland zurückzukehren	72	—
Hérard. Seifensieder	43	5
Marquis Capi-Suscy Bologne. Ludwigs-Ritter, gewesener Rittmeister der Karabinier	78	6
Bologne, genannt Duplant. Vikarius zu Bicêtre	33	—
Botagne. Abbé, dann Oberst	48	—
Imbert. Rechtsgelehrter; Suppleant beim Konvent	30	7
Mandrillon	—	—
Katharina Bettinger, verheiratete Laviolette, aus Brüssel	—	—
Maria le Roy, verheiratete Feucher. Weil sie Abonnements auf die Gazette de Paris angenommen, welche Durosay 1792 schrieb, der nach dem 10. August als ein Königsfreund guillotiniert wurde. — O Preßfreiheit!	50	8
Girouard. Buchdrucker; weil er die Gazette de Paris 1792 gedruckt	40	—
Manoël. Oberst und Kommandant der Insel St. Lucia	53	10
Lamourette. Konstitutionsmann. Bischof zu Lyon, Deputierter der ersten N.-V. Gleich nach Anhörung seines Urteils schlug der		

Name und Stand.	Alter.	Hinr. Jan.
Bischof das Kreuz vor sich. Er war Mirabeaus Sekretär, und verfertigte ihm seine Reden über die geistlichen Angelegenheiten. Man guillotinierte das Andenken des Herrn im Diener	52	11
Buraud. Präsident der Cour des Aides. Nach der Revolution Maire zu Montpellier	33	—
Courchamps. Sekretär des Theaters zu Marseille; dann Adjutant bei den Pariser Kanonieren. Noch wegen des 10. Augusts	25	12
Dougados. Professor der Beredsamkeit und Dichtkunst zu Perpignan. Weil er dem geächteten Deputierten des Konvents Birotean zur Flucht behilflich gewesen. Ein feiner junger Mann und ein Dichter-Genie. Er hatte sich den Beinamen des französischen Tibulls erworben	30	—
d'Abzac. Edelmann; Infanterie-Hauptmann	51	—
Hollier. Vikarius des konstitutionsmäßigen Bischofs zu Bordeaux	39	15
Theillard. Lieutenant der Nationalgarde zu Bordeaux	40	—
Ducourneau. Rechtsgelehrter zu Bordeaux	30	—
Katharina Virgon. Verheiratete Fournier	48	16
Basset. Friseur	18	—
Lemille. Desgleichen	—	—
Elisabethe Carigne. Frau des Lemille	—	—
Duplessie-Grenedan. Edelmann; Kapitän eines Kriegsschiffes	29	—
Verneuil. Unteradministrations-Chef, auf Grenedaus Schiff	30	—
Goetnempren. Kapitän eines Kriegsschiffs	36	—
Vormenil. Schreiber eines Notars; Sergeant der Nationalgarde. Weil er vom Konvent an einem öffentlichen Ort die Wahrheit gesagt	22	—
Bisset Baron de la Iude. Ludwigsritter und Major eines Reiter-Regiments	60	17
Thibaut. Pächter	49	20
Quatremer. Tuchhändler	42	21
Fichet. Schiffslieutenant zu Toulon	33	—
l'Ecluse. Schiffsfähnrich daselbst	28	—
Jacquelin. Schiffskonstabler daselbst	42	—
Gardinet. Desgleichen	31	—
Bauzon. Schiffskanonier	36	—
Blanchard. Hochbootsmann	37	—
Bernard. Wundarzt; Substitut des Deputierten seines Departements beim Konvent	33	22
Leserre. Lehrer einer Kostschule	49	—
Toulon-Rimbault. Gewesener Advokat der Admiralität zu Toulon, dann Kommissär der vollziehenden Gewalt daselbst	36	—
Benard. Tapezierer; Munizipal zu Montargis	42	23
Graf Migot. Gewesener Dragoner-Oberst	65	—
Mondot. Geistlicher	65	24

Name und Stand.	Alter.	Hinr. Jan.
Quentin. Rechtsgelehrter	45	24
Moheau. Kriegskommissär	50	26
Deraud. Hielt vor der Revolution eine Kostschule. Chef des Kriegs-Büreau zu Melun	51	—
Camillo Rossy, aus Corsica. Edelmann; Brigadegeneral; Chef der Armee zu Barcellomette	65	27
St. Laurent. Kaufmann und Kriegskommissär. Weil er Bücher, Handschriften und andere dem Prinzen Condé zugehörige Dinge in seinem Hause versteckte	48	—
Marcé. Edelmann; Generallieutenant der Republik	63	28
Desteac-Bellecourt. Verheiratete Gothereau-Villens. Eines Schweizers aus Freiburg	30	30
Roëttiers. Königlicher Kammerherr	45	—
Marquise Charras. Schwester des obigen	41	—
Lambert. Notarius	39	31
Jgonnet. Trödler, zu Coulommiers	40	—
Maularis. Friedensrichter daselbst	50	—
Martin. Arzt daselbst	65	—
Merlin. Munizipal daselbst	29	—
Prévôt. Desgleichen	45	—
Charlotte Roisette. Verheiratete Blancheton	29	—
Margarethe Froisauquet. Verheiratete Detecombe	34	—
Ogier-Baulun. Edelmann. Weil er seinen 14jährigen Sohn einem emigrierten Verwandten mitgegeben	46	—
		Febr.
Gillet. Arzt	55	2
Paraut. Advokat; Deputierter der ersten N.-V.	36	—
Millard. Gewesener Prokurator zu Troyes	46	—
Paillot. Zivil-Generallieutenant der Bailage zu Troyes	41	—
du Coudray. Sekretär des unglücklichen Intendanten Verthier, des ersten Opfers der Revolutionswut	51	3
Ogier. Edelmann, königl. Rat	73	—
Courtanel. Gastwirt und Proviantmeister	36	4
Montjourdain. Kommandant eines Bataillons Pariser Nationalgarden. Noch wegen des 20. Juni und 10. August 1792	37	—
Maria Chapt. Verwitwete Marquise Pensac	60	5
Franziska Michelie. Verwitwete Marquise Marbornf, Maréchal de camp. Sollte die Ankunft der Preußen und Österreicher gewünscht haben	55	—
Poyen, aus Avignon. Verwalter des Gutes der Marquise Marbornf	40	—
Gräfin Lauraguais. Geschieden von ihrem Manne. Bekannt durch seine Schriften und Prozesse zu Zeiten Ludwig XV.	50	6
Pierre. Agent der Gräfin	68	—

— 38 —

Name und Stand.	Alter	Hinr. Febr.
Petit. Konstitutionsmäßiger Pfarrer zu Monil	43	6
Pasquin. Kammerdiener der Madame Elisabeth, Schwester Ludwigs XVI.	36	—
Gourtot. Dorfpfarrer zu Champrant	70	7
Graf Troussebois-Vaillard. Oberst eines Regiments und Maréchal de camp	34	—
Fräulein Vaillard-Descombeaur. Schwester des obigen	57	—
Vaillard-Cherville, Chevalier. Chef einer Reiter-Eskadron	48	—
Moubier. Verwandter des obigen Notar	45	9
Frau von Boucherain. Wittwe des Barons Varence	47	10
Chappuy. Prokurator vor der Revolution, nachher Oberstlieutenant der Nationalgarde	28	—
Labrosse. Gewesener Kapitän des Regiments Isle de Bourbon	49	11
von Gueaur-Neversaur. Königl. Rat, Requetenmeister und gewesener Intendant von Bourbonnois	55	12
Baure, aus Amsterdam. Kaufmann. Diese und die drei nachstehenden Personen wurden guillotiniert, weil sie 1790 (also vor dem Krieg mit England) 100 000 Pfund Sterling in Paris für den Prinz von Wallis, Herzog von York, und Herzog v. Clarence als eine Anleihe negoziiert hatten	34	13
Brichard. Notar	43	—
Mestries. Schreiber des Brichard	41	—
Viette. Juwelier. Sein Sohn ging, kurz nach des Vaters Hinrichtung, in die Champs Elysées und erschoß sich selbst	42	—
Chandot. Notar. Erhielt einige Tage Aufschub, mußte aber doch sterben	42	—
Wendefeld, aus Aachen. Bankier	27	14
Toric, der Vater. Prokurator der ehemaligen Chambre des comptes zu Dijon	62	—
Toric, der Sohn. Commis-Greffier obiger Chambre	36	—
Lacassaigne. Edelmann	35	15
Desherbiers. Edelmann und General der Alpenarmee	45	—
Picard. Pastetenbäcker	46	17
M. Picard. Trödler	38	—
Paul Picard. Pastetenbäcker. Das Verbrechen der drei Picards war, daß sie sich für 100 Stück Karolin, 1000 Livres in Assignaten zahlen lassen	35	—
Gossenay. Furierschütz	25	19
Mortet. Equipagenmeister	58	21
Tiphaine, der Vater. Bauersmann	68	—
Tiphaine, der Sohn. Bauersmann und Grenadierlieutenant der Nationalgarde	43	—
Tiphaine, der Sohn. Müller und Kapitän der Nationalgarde	28	—

Name und Stand.	Alter	Geburtsort
Merlin. Generalstab zu Verdun, wo er durch die Preußen wieder eingesetzt wurde	40	22
Marzin. Kriegskommissär	50	—
Marzin, sein Sohn. Flötenspieler	24	—
Heralde. Gemeiner Dragoner-Kapitän. Beide weil sie sich der Frau von Marboeuf angenommen	43	—
Brisbarre. Notar	30	—
Doctoruzean. Gemeiner Kapitän des Regim. Burgund und Briggeneral der Republik	51	23
Casel. Perückenmacher	38	—
Aubert. Pfarrer	45	—
Maussen. Gemeiner Intendant zu Rouen	43	24
Laroche. Soldat	—	25
Bresnin. Superior des Seminars von St. Sulpice	—	—
M. A. Barberou. Narre	—	—
G. Barberou. Narre	—	—
von Marioes. Baron und gewesener Stallmeister der Madame de France	65	—
Sourn, verheiratete Dreyer	—	—
Philipp. Taglöhner	—	—
Schaf. Kaufmann	—	—
Schmit. Kaufmann	—	—
Schmit, verwittwete Gallet. Bäuerin	—	—
Duiable. Notar	—	—
Guerles. Kaufmann	—	—
Homburger. Kaufmann	—	—
Nelis. Greffier der Gemeinde Biston	—	—
Henri. Pfarrer	—	—
Hans, aus Saarlouis, sowie vorstehende 10 Personen. Friedensrichter	—	—
Ferrand. Brigadechef	37	27
Larnelle. Kapitän	30	—
Moreau. Kärrner	35	—
Venou. Bäcker	42	—
Juliane Venou, Frau des obigen	41	—

	Alter	Mehrz.
Penrees, genannt Suel. Prokurator	55	1
Deschamps, aus Lyon. Rechtsgelehrter	40	—
Engibault. Advokat, dann Dragoner	30	2
Sourville. Advokat	30	—

Vicomte la Roane. Brigadegeneral. Seine Anklage betraf die Dumouriez'sche Sache; man erinnert sich seiner aus Dumouriez' Briefwechsel mit Pache, der ihn wegen seiner Proteste zu

Name und Stand.	Alter.	Hinr. März
Jemmappe dem Pache empfahl, der ihn nicht befördern wollte. Inde irae!	—	1
von Poupart-Beaubourg. Marine-Inspektor. Die Ursache zu seiner Verurteilung suchte man in seinem Briefwechsel mit weiland de la Porte, Intendant der Zivilliste	39	—
Montagne. Pfarrer	78	—
Remy. Pfarrer	51	—
Majure. Ermaire eines Dorfes	57	—
Profit. Bauersmann	50	—
Prunel. Desgleichen	36	—
Lecourd. Hufschmied	59	2
Villourd. Holzschuhmacher	33	—
Michenou. Müller	54	—
Laval. Hägereiter	46	—
Raby. Förster	60	—
Froullé. Buchhändler und Buchdrucker	60	3
Lévigneur. Buchhändler und Buchdrucker. Dieser und vorstehender wegen des Drucks der Liste des namentlichen Aufrufs beim Todesurteil Ludwigs XVI., worin ein paar Ausdrücke des Mitleids über seine Hinrichtung vorkamen. Welch eine Preß- und Druckfreiheit	47	—
Ritter von Farenne. Rittmeister. Weil er Zeichen der Trauer über den vorigen König bei sich getragen	—	—
Saint-Soupler, der Vater. Rittmeister der ehemaligen Musketiere und Ludwigsritter	61	4
Saint-Soupler, der Sohn. Königl. Stallmeister	41	—
Saint-Soupler, der Sohn. Generalvikar zu Montpellier	40	—
Brurelles, Bedienter der Saint-Soupler. Sie lebten ruhig zu St. Cyr; ihr Verbrechen war ihr Adel und Reichtum	—	—
Robin. Kaufmann	74	5
Dufresnoy. Baumeister und Kapitän des 92. Regiments	43	—
St. Lambert. Kommis beim Kriegsdepartement	39	—
Reverdot. Bauersmann	60	6
L'Moran, ein Irländer. Divisionsgeneral. Dumouriez rühmte seine Tapferkeit und Einsicht in seinen Briefen an Pache	59	—
Devaine, aus Belgien gebürtig; ein niederländischer Patriot. Divisionsgeneral	60	—
Chancel. Brigadegeneral	40	—
Duchemin. Gewesener Kabinettssekretär des Prinzen Condé	52	7
Couparet. Gewesener Postinspektor zu Paris	46	—
von Grossin. Offizier außer Diensten	10	—
Deschamps von Grossin. Gattin des vorigen	26	—
Graf de l'Aigle. Gewesener Maréchal de camp	60	8
Rosalie la Rochefoucauld, verwitwete von Durctol	40	—

Name und Stand. Alter. Hinr. Mär;

Vaudrey. Gewesener Friedensrichter, im Distrikt von Toul . . 49 9
Blancher, aus Carouge bei Genf gebürtig. Weinschenke. Man
  warf ihm vor, an die Truppen, die in der Nacht vom 10. Aug.
  die Tuilerien besetzt hatten, Wein ausgeschenkt, und als Ka=
  pitän der Artillerie dem Mandat gehorcht zu haben, der be=
  kanntlich damals Generalkommandant der Pariser National=
  garde, und als ein rechtschaffener Mann der Brissotischen Partei
  verhaßt war, und deswegen in der Nacht vom 10. August auf
  dem Rathause ermordet wurde. Man lese Mores Tagebuch
  und den einen Beitrag zu der Leipziger neuen gelehrten Zei=
  tung von 1793 darüber nach 43 12
Cauchois, der Sohn. Baumeister. Sein Verbrechen: ein Anhänger
  von Brissot und Roland gewesen zu sein . . . . 42 —
Sophia Le=Clerc Glatigny. Nonne. Weil man bei ihr Gebet=
  bücher, Kirchenornate, das heißt, in der neuen philosophischen
  Sprache, Greuel des Fanatismus, und die Effekten eines un=
  geschworenen Geistlichen gefunden. Sie wohnte zu St. Cloud
  nach der Aufhebung ihres Klosters . . . . 37 —
Verrier. Pächter 52 13
Davanne. Proviant=Kommissär 31 14
von Labussiere. Landjunker 49 15
Maria Chabannes. Witwe . . . . 47 —
von Duverne. Gewesener Maréchal de camp . . . . . 67 —
Lardenel. Gewesener Oberstlieutenant der Jäger zu Pferde . 62 —
Tenaille=Lesnaur. Gendarm . . . . 29 —
Tenaille=Champton. Gewesener Leibgardist von der konstitutio=
  nellen Garde . . . . 44 —
Dumont, genannt Longisaur. Kammerdiener der Königin . . 43 —
Parte=Pain. Dorfpfarrer . . . . 73 —
Daubin. Dorfpfarrer . . . . 44 —
Tounyon. Gewesener Pfarrer zu St. Cyr . . . 64 —
Penat. Instruktor zu St. Cyr . . . . 45 —
Foncheron. Inspektor bei der Schiffahrt auf dem Yonnefluß . 37 —
Faulquier. Substitut des königl. Profurators in der Election
  Clamecy . . . . 36 —
Naugery. Bauer aus Clamecy . . . . 50 —
Feuguenr. Hägereiter. Diese 15 Personen wurden wegen ihrer
  Anhänglichkeit an Ludwig XVI. verurteilt . . . . 46 —
Regnault von Bellerise. Gewesener Offizier und Emigrant . . 30 —
Beauderand. Kapellan des Herzogs von Orleans. L'infame
  d'Orléans nennt ihn das Bülletin; so behandeln jetzt die Klien=
  ten ihren alten Mäcen . . . . 62 —
Musquiret, genannt Lapagne. Er=Maire eines Dorfes. Unter der
  vorigen Regierung saß er seiner schlechten Streiche wegen

Name und Stand.	Alter.	Hinr. März
22 Jahre im Gefängnis, wurde dann als ein Opfer des Despotismus überall gepriesen und zum Maire eines Dorfes gewählt, um endlich seinen Lohn durch eben solche Leute zu empfangen, als er selbst war	49	16
Marquis Cionrac. Marquis, dann Maire zu Montauban	50	—
Cuctineau. Oberstlieutenant bei dem Detachement der Nordarmee in der Vendée; vorher Tänzer. Auf dem Schafott machte er noch ein Entrechat	37	—
Marie Lavechin. Magd; im Dienste eines Pfarrers, dann bei einer adeligen Herrschaft	33	17
Barbier, Bauersmann	—	—
Barbier, sein Sohn. Bauersmann	27	—
von Paul, genannt St. Paul. Ludwigsritter	59	—
von Lalain. Ludwigsritter, dann Kriegskommissär	49	—
Boissart. Er-Maire eines Dorfs, dann Regiments-Feldscher eines Nationalgardebataillons	34	—
Dieudonné. Geistlicher	50	18
Marie Jourdain-Bertone. Schließerin in einem Privathause	42	—
Babaud-la-Jordie. Gewesener königl. Sekretär, dann einer der konstitutionellen Richter im Departement de la Charente	58	—
Turney. General-Pächter	52	—
Gousault-Merlu. General-Pächter	49	—
Fräulein Marie von Jasmes. Nonne des Ordens von Fontrevault	39	—
Franziska Perigorb, verwitwete Terier. Witwe eines Gendarm von der Leibwache	71	—
von Jonve. Eskadronchef	49	19
Arnoult. Soldat, vorher Schreiner	—	—
Valois. Infanterie-Hauptmann	40	—
Mazuyer. Deputierter des Nationalkonvents. Von der Brissotschen Partei; vorher Rechtsgelehrter	34	—
Poiton. Dorfpfarrer	67	22
Moulin. Postdirektor zu Cherbourg	57	23
Hebert. Substitut des Gemeindeprofurators; vor der Revolution Kontremarkeneinnehmer des Theaters des Variétés, Verfasser des Père Duchesne	35	24
Ronsin. Dichter eines Trauerspiels Aretaphile, Kommandant der Revolutionsarmee. Erfinder der Todesart, mit Kartätschen eine Menge Menschen auf einmal hinzurichten, die er zuerst in Lyon praktizierte	42	—
Momoro. Buchdrucker; Präsident der Maratsektion, Gründer der roten Fähnchen mit Freiheitskappen vor den Häusern	38	—
Vincent. Generalsekretär des Kriegsdepartements	27	—
Ducroquet. Damenfriseur; Sekretär der Section Marat	31	—
Laumur. Oberst des 6. Infanterieregiments. Als er geköpft wurde		

Name und Stand.	Alter.	Hinr. März
sagte Vincent zu Ronsin: „Wäre der sich... Kerl nicht gewesen, es hätte uns geglückt. Er allein hat's verhunzt."...	63	24
Bourgeois. Tischler................	26	—
Mazuel. Eskadronschef der Revolutionsarmee........	28	—
Ancar. Handschuhmacher; Kommissär für die Emigrierten...	52	—
van Koch, aus Heusden in Holland. Bankier. Freund Dumouriez'; bei ihm zu Passy auf seinem schönen Landhause hielten die Verschworenen des Hebertschen Komplotts gegen das Komitee der salut. public ihre Orgien. Er war bei Dumouriez' Expedition nach Holland; und einer von den Hauptpatrioten die sich vor den Preußen, aus Holland, 1787 flüchteten..	38	—
Le Clerc. Divisionschef des Kriegsdepartements.....	44	—
Graf Proly, aus Brüssel. Aktienhändler........	42	—
Desfieur. Weinhändler; Bankerottierer. Ein Erz-Enragé, Verfasser des Jakobiner-Journals...........	39	—
Baron Cloots, beigenannt Anacharsis, aus Cleve. Redner des Menschengeschlechts; Konventsdeputierter.......	38	—
Pereira. Tabaksfabrikant und portugiesischer Jude....	51	—
Armand. Student der Chirurgie.........	28	—
Lescombes. Würzkrämergesell............	29	—
Dubuisson. Schriftsteller; Kommissär des Vollziehungsrats..	48	—
Rougane de Bichy. Inspektor der englischen Waren zu Dünkirchen	63	25
Rougane des Barodines. Ludwigsritter und Gendarm der königl. Leibwache..................	52	—
Rougane-Bellebat. Von seinen Renten lebend......	31	—
Gouttes. Bischof von Autun; vorher Abt und Mitglied der konstituierenden Nationalversammlung; und der erste vom geistlichen Stand, der sich 1789 vor der Revolution am tiersétat anschloß und so die Revolution gründen half..	54	26
Lacour-Balleroy. Marquis, Generallieutenant und Ludwigsritter	74	—
Lacour-Balleroy, dessen Bruder. Marquis, Komtur des Ludwigsordens und Maréchal de camp...........	67	—
Thuri. Gewesener Adjutant des la Fayette......	24	—
Joisel. Förster von Monsieur, dann Förster der Nation..	42	—
Fräulein Chamboraud. Karmeliter-Nonne.......	59	27
Magdalena Lamberti, verheiratete Villemain. Bürgers-Frau von Paris.................	41	—
Moreau. Rechtsgelehrter...........	67	—
Penfielet. Kapuziner............	64	28
von Vernet. Ludwigsritter; General in pfälzischen Diensten; seit 1787 wieder in Frankreich und auf dem Lande lebend..	56	—
Poiret. Bedienter des Grafen Talleyrand........	36	29
Courtin. Superior des Ordens von Cluny.......	79	—
Adam. Benediktiner-Mönch..........	36	—

Name und Stand.	Alter.	Hinr. März
Mestre. Benediktiner-Mönch	57	29
Porelle, der Jüngere. Kaufmann	30	—
Collignon. Buchdrucker zu Metz	61	—
Graf Barborane. Deputierter der konstituierenden Versammlung und einer derer vom adeligen Stande, die sich zum tiers-état schlugen, und so die Revolution gründen halfen. Er war es, der am 2. Oktober 1789 in der Nationalversammlung von der Galerie, bei einer Debatte der Gutgesinnten, hinabrief: Man sieht wohl, die Herrn wollen noch mehr Laternen, wohlan, sie sollen sie haben!	75	31
Regre. Pächter des emigrierten Juliac. Weil er seinem Pachtherrn Geld geschickt	61	—
Gaillard. Papiermachergesell	26	—
Champ-Laurier. Vor der Revolution Kapitän, dann Oberstlieutenant und Kommandant von Longwy bei der Übergabe dieser Stadt an die Preußen	50	—
Victoire Regnier, verheiratete Champlaurier. Frau des Kommandanten. Als ihr Mann verurteilt wurde, war sie in einem der Säle des Revolutions-Tribunals. In der Heftigkeit ihres Schmerzes brach sie in den Wunsch aus, daß doch bald eine andere Ordnung der Dinge und des Rechts in Frankreich über diese Tyrannen die Oberhand gewinnen möge. Dies wurde sogleich gemeldet und sie auf der Stelle selbst zum Tod verdammt. — Wem schaudert nicht vor solcher Barbarei	26	—
Hollet. Ein Goldschmied	34	—
Sallaberry. Präsident des ehemaligen Chambre des comptes zu Paris	62	April 1
Eulogius Schneider. Vikar des Bischofs, dann öffentlicher Ankläger des Revolutionstribunals	37	—
Collivet. Würzkrämergeselle. Wegen seiner Verteidigung des Königs am 20. Juni und 10. August 1792	25	—
Brochet, von St. Brest. Lieutenant der konstitutionellen Garde Ludwigs XVI.	25	—
Morquet. Schienhändler	27	2
Fabre d'Eglantines. Deputierter des Nationalkonvents. Gelehrter, und als Komödiant zu Genf ausgepfiffen	39	5
de Launan. Rechtsgelehrter, Deputierter des Nationalkonvents	32	
Chabot. Ex-Kapuziner, Deputierter des Nationalkonvents	38	
Camille Desmoulins. Gelehrter, Deputierter des Nationalkonvents	33	
Lacroix. Rechtsgelehrter, Deputierter des Nationalkonvents	40	
Phelippeaux. Rechtsgelehrter, Deputierter des Nationalkonvents	35	
Bazire. Ex-Kommis des Archivs der Landstände von Burgund, dann Deputierter des Nationalkonvents	29	
Herault de Sechelles. Von Adel; vor der Revolution Advokat-		

Name und Stand.	Alter.	Hinr. April
General des Parlaments. Deputierter des Nationalkonvents und zweimal Präsident desselben	34	5
Danton. Vor der Revolution Advokat; dann Deputierter des Nationalkonvents	34	—
d'Espagnac. Er-Abbé	41	—
Frey, aus Brünn. Tabaksfabrikant. Schwager des Chabot. Er und sein Bruder gaben sich für Barone aus und hielten zu Paris Spielgelage	36	
Frey, sein Bruder. (Die Madame Chabot sitzt noch im Gefängnis; ein Mädchen von 17 Jahren, weiland Tänzerin.)	27	—
Gusmann, aus Spanien, seit 1781 in Frankreich naturalisiert. Von seinen Renten lebend	41	—
Dieterichsen, aus dem Holsteinischen. Dänischer Advokat. Seit 1792 in Frankreich; ein unruhiger Kopf von Jugend auf und eines solchen Endes wert	41	—
Westermann. Vor der Revolution Advokat im Elsaß, dann Anführer des Pöbels und der Marseiller am 10. August bei dem Angriff auf die Tuilerien; dann Adjutant des Dumouriez, Chef einer Legion seines Namens und zuletzt General in der Vendée	40	—
von Chamois. Von seinen Renten auf seinen Gütern lebend	66	6
Regnier. Manns-Schneider	83	—
des Ormes. Von seinen Renten lebend	45	—
Marquis Lamotte Senones	36	7
Susanne Trouillard, Marquise Senones. Frau des obigen; aus St. Domingo gebürtig	36	—
Peruchot. Notar zu Dijon	—	—
Monzin. Notar zu Dijon	—	—
Marquis St. Germain-Davchon. Maréchal de Camp	45	—
Therese Lacore, verwitwete Pericard. Stiefmutter des Marquis von d'Avchen, Witwe eines Requetenmeisters	70	—
Julien. Wundarzt	60	—
Pélé-Varennes. Generalpächter	58	—
Bizot. Ingenieur; gewesener Maire zu Montargis	50	—
Lavilette. Präsident, dann Distriktsrichter	45	—
Katharina Boirn, verheiratete Bonfant. Kammermädchen bei der Marquise d'Hervilly	50	8
Gandron. Gewesener konstitutioneller Pfarrer zu Regron	27	—
Johanna de Marcilly, verwitwete Chenilly. Witwe eines Parlaments-Advokaten	47	—
Gemprel. Koch	26	—
von Orral. Gewesener Munizipal-Beamter	40	—
Lardin. Winzer	31	—
Adelaide Tanquechin, verheiratete Lardin. Frau des obigen	27	—

Name und Stand.	Alter.	Hinr. Avril
Souchon, genannt Chauron. Brigade=General	66	8
Chaumette, sich selbst aus Bescheidenheit Anaragoras nennend. Gelehrter, National=Agent der Gemeinde von Paris; vorher Schiffsjunge und Buchdrucker-Geselle	31	13
Gobel. Bischof zu Paris, und Deputierter der konstituierenden Versammlung	67	—
Arthur Dillon, zu Bramwick in England geboren. Maréchal de camp; nach der Revolution Divisions=General; Bruder des zu Lille von den Soldaten ermordeten Dillon. Er war unter dem Namen des schönen Arthur bekannt und ein Günstling des Hofes zur Zeit des amerikanischen Krieges	43	—
Duplessis. Witwe des berufenen Camille Desmoulins	23	—
Simon, aus Rumilly in Savoyen. Vikar zu Straßburg, dann Deputierter des Nationalkonvents; er war bei der Einnahme und Umschaffung Savoyens vorzüglich geschäftig	39	—
Grammont=Rosely. Vor der Revolution Schauspieler des Französischen Theaters, dann General=Adjutant der Rocheller= und der Revolutionsarmee	41	—
Grammont, sein Sohn. Souslieutenant bei der Revolutionsarmee	19	—
Goupil, verwitwete Hebert. Vor der Revolution Nonne im Kloster de la Conception zu Paris, dann Frau des Hebert auf Sansculotten=Art: die bekannte Jacqueline des Pere Duchesne	38	—
Lacombe. Von seinen Renten lebend	33	—
Lambert. Gefängniswärter im Gefängnis Luxemburg	35	—
Burel. Adjutant der Alpen=Armee	40	—
Lapalue. Richter der Revolutions=Armee im Departement de la Loire	26	—
Le Brosse. Lieutenant bei der Gendarmerie der Gerichtshöfe	31	—
Barras. Advokat; Mitglied des Direktoriums zu Toulose	30	—
Lacroix. Rechtsgelehrter, Kommissär des Vollziehungsrats und des Heilsausschusses; Mitglied des Revolutionsausschusses einer Pariser Sektion	26	—
Bensser, aus dem Elsaß. Brigadegeneral	40	—
Lasalle. Kapitän eines Kauffahrteischiffes	24	—
Bucher, ein Deutscher. Büchsenspanner des Grafen Artois vor der Revolution. Dann Ingenieur zu St. Domingo und zuletzt Kommandant der Nationalgarde zu Menil St. Denis	44	—
Namaur. Priester und beim Büreau der Emigrantengüter angestellt	42	—
Ragoudet. Inspektor beim Fuhrwesen. Er war vorher Kommandant des Bataillons der Sektion du Ronde gewesen, das am 20. Juni und 10. August so viel Eifer zur Aufrechthaltung der monarchischen Konstitution und der Gesetze zeigte. Nach dem Sieg der Anarchie flüchtete er sich nach Capi, einem Dorfe		

Name und Stand.	Alter.	Hinr. April
bei Penners, wo ihn aber Robespierres Rache doch aufspürte und hinrichten ließ	46	13
Brossard. Sekretär des Aufsichts=Ausschusses zu Perigueux	32	—
la Barberie de Reslnel. Marquis, gewesener Kapitän der Gardes françaises	60	14
Gatten. Buchhändler. Weil er kontrerevolutionistische Schriften verkauft habe. Ihr Herren, die ihr über unsere deutsche Zensurgesetze so schimpft, wollt ihr lieber diese Art Zensur?	38	—
Boisin. Hutmacher und National=Agent	32	—
Morisset. Schuster und Distriktsrichter zu Montargis. Wegen schlechter Schuhe für die Armee	39	—
Graf d'Alencon	67	15
Noyes. Brauer, dann Salpetersieder	38	—
Lescale. Von Adel. Seit der Revolution sich von seiner Händearbeit nährend	40	—
von Lescale. Frau des Brauers Noyes	40	—
Gatten. Nonne des Klosters St. Lazare	39	—
Conradin, genannt Lanone. Königl. Rat, dann Distriktspräsident	31	—
Brevet, genannt Beanjors. Advokat, dann Deputierter der zweiten Nationalversammlung	30	—
Loreveillere. Königl. Rat, dann Präsident des Kriminal=Tribunals im Departement de la Vendée	31	—
Graf Diensie. Deputierter der zweiten Nationalversammlung, Präsident des Departements von Maine et Loire	45	—
Tissier, genannt Duclosean. Physikus, Mitglied des Departements von Maine et Loire	39	—
Cassegrain. Gewesener Pfarrer im Dorfe Pithiviers	76	16
Pelletier=Chambre. Postdirektor, Tabaksfabrikant	37	—
Laville. Schuster und Mitglied des Revolutionsausschusses einer Pariser Sektion	31	—
Lapeyre. Wundarzt, Mitglied desselben Revolutionsausschusses	30	—
Huet. Perruquier	32	—
Sulreau. Zimmermann	33	—
Thibault. Weinhändler	33	17
Mermin, aus Savoyen. Fußböden=Pohner	30	—
Henri. Leineweber	33	—
Simille. Pastetenbäcker=Bursche	29	—
Decous. Erpfarrer des Dorfes Newie	70	—
Baudot. Benediktinermönch	54	—
Chabot. Gewesener Pfarrer zu Marshal	28	—
Laborde, aus Spanien. Hofbankier. Ein Mann von ungeheurem Vermögen; allein aus St. Domingo zog er jährlich anderthalb Millionen Livres Revennen. Er besaß ganze Gassen in der Gegend des Théatre Italien, denn er liebte das Bauen.		

— 48 —

Name und Stand.	Alter.	Hinr. April
Sein Landgut Mereville, 15 Stunden von Paris, ist seiner Schönheit wegen berühmt. Zwei seiner Söhne verunglückten mit Peyrouse an Kaliforniens Küste. Sein dritter Sohn war ein großer Demokrat, Freund des Barnave ꝛc.	70	18
Geneste. Bankier	27	—
Harisgue von Gniberille. Präsident des Pariser Parlaments	73	—
Harisgue, verwitwete Bonnaire. Schwester des Präsidenten. Witwe eines Requetenmeisters	45	—
M. G. von Bonnaire, verheiratete Lepelletier. Tochter des obigen. Geschieden von ihrem Manne, einem Infanterieoffiziere	21	—
Fräulein von Charras. Nonne	42	—
Mesnard de Chousi. Gewesener bevollmächtigter Minister des Königs beim fränkischen Kreise	64	—
von Rollat. Privatisirend	52	—
von Rollat, Sohn. Gewesener Dragoneroffizier	32	—
von Bellecour. Gewesener Offizier in russischen Diensten	33	—
Gougenot. Syndikus der ostindischen Kompagnie, Generalwächter	36	—
Frau von Demerle. Geschieden von ihrem Manne, dem Maréchal de camp Duchillean	41	—
Gormel, verwitwete Vierville. Witwe	49	—
Robin. Hausoffiziant bei dem oben hingerichteten Präsidenten von Gniberille	44	—
Panmal. Bedienter bei der oben hingerichteten Witwe Bonnaire	29	—
Noguet, verwitwete Rolindivry, verheiratete Bellecour. Gattin des oben mit hingerichteten von Bellecour	36	—
Mesnard de Chousi. Sohn des oben mit hingerichteten Mesnard de Chousi; Kommissäre de bouche des Königs	35	—
Magun. Schneider für das 6. Husarenregiment. Weil er sich fälschlich für einen Volksrepräsentanten ausgegeben	27	19
Prevot. Hutmachergeselle	28	—
Lepelletier-Rosambo. Präsident à Mortier des Pariser Parlaments. Alle folgenden Parlamentsmitglieder sind respektable Namen in der Robe, deren Familien seit 100 und mehr Jahren die ersten Würden begleiteten	46	20
Segla. Rat einer der Kammern des Parlaments zu Toulouse	57	—
Guisac. Desgleichen	67	—
Montaigu. Desgleichen	64	—
Balzac. Desgleichen	60	—
Lafond. Desgleichen	60	—
Rigault. Desgleichen	45	—
Lenoir. Rat der Chambre des enquêtes des Pariser Parlaments	38	—
Duport. Desgleichen	76	—
de la Guibourgere. Desgleichen	46	—
Fredy. Desgleichen	74	—

Name und Stand.	Alter.	Hinr. April
de Maree. Desgleichen	69	20
de Mardeuil. Desgleichen	59	—
Pasquier. Desgleichen	58	—
de Corberon. Präsident der chambre des enquêtes des Pariser Parlaments	77	—
Rolland. Präsident des requêtes des Pariser Parlaments . .	64	—
Coursin de Bure. Rat aux requêtes dieses Pariser Parlaments	47	—
Rhouet. Desgleichen	27	—
Hocquart. Erster Präsident der Cour des Aides zu Paris . .	55	—
Graf Nort. Oberster der Infanterie	68	—
de Gourgue. Präsident à Mortier des Pariser Parlaments . .	57	—
de Sarron. Erster Präsident des Pariser Parlaments	64	—
Mole de Champlatreur. Präsident à Mortier des Pariser Parlaments	34	—
Gun=Sallier. Präsident der Cour des aides zu Paris	60	—
Leferre d'Ormesson. Präsident à Mortier des Pariser Parlaments; Deputierter der ersten Nationalversammlung, Bibliothekar der großen königl. Bibliothek. (Ein Mann von großer Gelehr= samkeit und feinen Sitten. Leser! wie wird dir, indem du diese Liste bejahrter würdiger Parlamentsmitglieder überliesest, die durch die Willkür eines jungen ehemaligen Clerc und nun= mehrigen Despoten Frankreichs an eben dem Tage fielen, wo die Hiobspost der Schlacht bei Landrecy (von der aber kein Mund im freien Paris lallen durfte) das Komitee demütigte	42	—
Graf Blin. Privatisierend	40	—
Espiard d'Allernn. Rat des Parlaments zu Dijon	63	—
Guenichot. Sohn eines Parlamentsrats	27	—
Julien. Barfüßermönch und Pfarrer zu Autricenet	49	—
Verlier. Oberförster zu Châtillon sur Seine	60	—
Guillemin. Schreiber bei einem Notar	29	—
Beaugrand. Gewesener Pfarrer des Dorfes Orbany . . .	50	21
Lemesle, verheiratete Bouland. Frau eines ehemaligen Quartier= meisters	50	—
Bellepaume. Krämer	51	—
Lafargue. Gewesener Pächter, und dann Trödler zu Paris. Noch wegen einer angeblichen Verschwörung des Königs von 1792	55	—
Descampi. Buchdrucker zu Douay	28	—
Decour. Titular=Kaplan zu Bresto	54	—
Duval Despremenil, zu Pondichery geboren. Parlamentsrat, De= putierter der ersten Nationalversammlung	48	22
Thouret. Rechtsgelehrter, Deputierter der ersten Nationalversammlung	48	—
Lechapellier. Rechtsgelehrter, Deputierter der ersten Nationalver= sammlung	39	—
Herr von Hell, ein Teutscher. Syndikus der Ritterschaft im Elsaß, (Groß=Bailly) zu Landsee	63	—

4

Name und Stand.	Alter.	Hinr. April

Lamoignon-Malesherbes. Gewesener Staatsminister bis 1788. Einer der würdigsten Männer, die Frankreich je besaß; so viel Tugenden, so viel sprechende Würde, die Liebe des Volkes, die Hochachtung der Welt, sechzig Jahre der Ehre und des Ruhmes! wer hätte je ahnden können, daß es ein Ungeheuer geben könne, das es wagen dürfte, öffentlich die Hand an den ehrwürdigen Patriarchen der Ehre, Rechtschaffenheit und Gerechtigkeit des alten Frankreichs zu legen! Aber man fürchtete, daß er, der Verteidiger Ludwigs XVI. vor dem Blutgericht, vielleicht Depositor des letzten Willens, der letzten Wünsche des unglücklichen Monarchen wäre, die man mit ihm in die Nacht des Grabes auf ewig verhüllen wollte. Deswegen richtete man auch seine ganze Familie mit ihm zugleich hin. Dieser redliche Greis war es, der dem Dorat-Cubieres (dem bekannten Dichter), als letzterer als Kommissär die Wache bei Ludwig XVI. hatte, mit dem Malesherbes sich als sein gerichtlicher Verteidiger zu besprechen kam, auf seine Besorgnis, er möchte ihm ein Werkzeug zustecken, sich selbst ums Leben zu bringen, die schöne Antwort gab: „Hätte der König die Religion der Philosophen ..., so könnte er sich vielleicht umbringen; allein der König ist fromm, er ist ein katholischer Christ; er weiß, daß seine Religion ihm verbietet, sein Leben selbst zu verkürzen: er wird sich nicht ermorden." — „Und da sah ich (fährt Cubieres in seinem Bericht an das Conseil général fort), ich, der ich die Religion nicht liebe, daß sie unter gewissen Umständen doch zu etwas gut sein könne." — Welch ein Abstand zwischen diesem neumodischen Aufklärer und dem biederen religiösen Greis! 75 22

Lamoignon-Malesherbes, seine Tochter. Gemahlin des am 20. hingerichteten Präsidenten Lepelletier-Rosambo . . . . . 38 —

Lepelletier-Rosambo, verheiratete Marquise Chateaubriant. Schwester des Präsidenten Rosambo . . . . 23 —

Marquis Chateaubriant. Gewesener Rittmeister . . . . . 34 —

Herzogin von Grammont. Geborene Herzogin von Choiseul: er hatte sie zur Maitresse von Ludwig XV. bestimmt; allein die schönere Dubarry stürzte sie . . . . 64 —

Verwitwete Herzogin von Chatelet, geborene Herzogin von Rochechouart . . . . 62 —

Verwitwete Vikomtesse von Pontville, geborene Herzogin Rochechouart . . . . 49 —

Parmentier. Kommis bei einem Renteneinnehmer . . . . . 29 —

Mousset. Zimmermann und Prokurator der Gemeinde zu Donnery 42 —

Barthelemy. Rechtsgelehrter, Kommissär des Tribunals zu Gennart 40 23

Neclesne. Edelmann . . . . 61 —

Name und Stand. Alter. Hinr.
April.

Contelet, verwitwete Neuve Eglise. Aufseherin einer Spinnerei . 36 23
Calmer, aus dem Haag. Mäkler . . . . 44 —
Horion, verheiratete Parasol . . . . — —
Galau, aus Martinach im Walliser-Land. Zimmerhohner in einem
    adeligen Hause . . . . 50 —
Nour. Kunstschreiner . . . . 48 —
Nevon. Oberstlieutenant eines National-Bataillons von der Maas 51 24
Perin. Würzkrämer zu Verdun . . . . 50 —
Grimoard. Oberst eines Artillerieregiments zu Metz . . . . . 70 —
Croyer. Hauptmann bei der Artillerie . . . . 52 —
Gossin. Kanonikus zu Verdun . . . . 69 —
Collot. Benediktiner-Mönch zu Verdun . . . . . 72 —
Lefebure. Desgleichen . . . . 62 —
Lacordiere. Dekan der Kathedralkirche zu Verdun . . . . . 59 —
Hertillon. Pfarrer zu Verdun . . . . 76 —
Lamesle. Schutzvogt zu Verdun . . . . 47 —
Barthe. Friedensrichter zu Verdun . . . . 62 —
Daubermesnil. Major der Citadelle zu Verdun . . . . . . 75 —
Pelegrin. Brigadier des Gardes du Corps des Grafen d'Artois,
    dann Rittmeister der Gendarmerie zu Verdun . . . . . 52 —
Joulin. Rittmeister der Gendarmerie zu Verdun . . . . . . 31 —
Joulin. Gendarme zu Verdun . . . . — —
Leclerc. Desgleichen . . . . 52 —
Deprez. Desgleichen . . . . 50 —
Thuillier. Winzer zu Verdun . . . . 61 —
Fortin. Wachsfabrikant zu Verdun . . . . 43 —
Chotain. Perückenmacher zu Verdun . . . . 31 —
Febvre, verheiratete Tabrullot. Von ihren Renten lebend zu Verdun 46 —
Pierson, verheiratete Bestel. Eine Schustersfrau zu Verdun . . 69 —
Henry, verheiratete Lalance. Zu Verdun lebend . . . . . . 26 —
Sophia Henry, Bruders-Tochter. Tochter eines Präsidenten zu
    Verdun . . . . 55 —
Herbillon, verwitwete Maison. Witwe eines Prokurators zu Verdun 25 —
G. Henry, Tochter des Präsidenten Henry. Zu Verdun wohnhaft 17 —
Lagirosiere. Tochter des Prevot zu Verdun . . . . 18 —
Dauphin, verwitwete Brigaud. Witwe eines Kapitäns der Grena-
    diere zu Verdun . . . . 56 —
Anna Vatrin. Zu Verdun wohnhaft. Tochter des verstorbenen
    Hauptmanns Vatrin . . . . 25 —
Henriette Vatrin. Gleichfalls . . . . 23 —
Hanne Vatrin. Gleichfalls . . . . 22 —
Margarethe Cronet. Uhrmacherin zu Verdun . . . . . . 48 —
Milly. Gendarm zu Verdun . . . . 31 —
Petit. Winzer zu Verdun. Alle diese armen Verduner starben,

Name und Stand.	Alter.	Hinr. April
weil sie zur Zeit der kurzen Anwesenheit der Preußen zu Verdun, teils als alte Ordnung und Gesetz liebende Leute ihre Freude über die guten Aussichten zu deren Herstellung geäußert, teils als junge Schönen sich die Liebschaften einiger Offiziere gefallen ließen	50	24
Lallemand. Gewesener Pfarrer zu Huodelment	41	25
Duperron. Buchdrucker, Besitzer und Herr des Dorfes Ris, jetzt Brutus benamt	44	—
Lescoffier. Bauer	64	—
Gouron. Papiermacher	35	—
Jacquet. Rechtsgelehrter	59	—
Lebeau. Verwalter des Duperon zu Ris	30	—
Viktoria Baillard-Troussebois, verheiratete von Bellesse. Gattin eines Emigranten	18	—
Trinquelage. Kapitän des 34. Infanterie-Regiments. Wegen Übergabe von Longwy, 1792	34	—
Mangin. Kutscher	34	—
Curton. Bauer und Ermaire zu Ininge in Savoyen	45	—
Duc. Notarius zu Ininge	32	—
Praslon. Notarius zu Ininge	58	—
Bosonet. Bauer und Roßkamm zu Ininge	43	26
Leclerc. Bauer	60	27
Guenot. Winzer	58	—
Lambert. Metzgerknecht	28	—
Savone. Artillerieknecht der Revolutions-Armee	42	—
Herzog von Villeroy. Herzog und Pair von Frankreich, Hauptmann der ersten königl. Leibgarde-Kompanie	63	28
Graf d'Estaing. Admiral und Generallieutenant. Jedermann wird sich noch seiner Siege und Tapferkeit im letzten amerikanischen Kriege erinnern. Beim Angriff der Redouten des Lord Cornwallis trug er sein blaues Ordensband über eine weiße Ärmelweste und marschierte so ausgezeichnet an der Spitze der Grenadiere zum Sturm. In der Versailler Oktobernacht war er Kommandant der Versailler Nationalgarde und einer von denen, welche dem Könige zu gelinden und nachgebenden Maßregeln rieten; er war auch Deputierter der Nationalversammlung. Ein wackerer Mann! Er ließ sich nicht in Orleans' Interesse ziehen. Der Herzog sagte einstmals zu seinem Kanzler: „Können wir den Destaing denn nie gewinnen?" — Nein, das ist unmöglich! — „So müssen wir uns den Mann vom Halse schaffen!"	65	—
Graf Latour-Dupin. Kriegsminister. Einer von denen, die mit Necker 1789 abgedankt wurden und damals die Liebe des		

— 53 —

Name und Stand.	Alter.	Hinr. April
Volkes in so großem Grade besaßen, daß es das Signal zur Revolution wurde	66	28
Marquis Latour-Dupin-Gouvernet. Generallieutenant; Bruder des Ministers	72	—
Grangier-Laferriere. Brigade-General	56	—
Mernot Montrigon. Leibgardist	50	—
Despallieres. Kanonikus	61	—
Bragebonne, verwitwete Montbrun. Gräfin	69	—
Graf Duprat. Privatisierend	50	—
Fräulein Bragebonne. Schwester der Gräfin und Nonne	79	—
Frau von Thouret. Witwe des Deputierten dieses Namens	31	—
Gouffet. Advokat	50	—
Humbert. Souslieutenant	28	—
Feydeau. Gewesener Hauptmann im Regiment Dauphin	50	—
Pichard-Durage. Rechtsgelehrter und Prokurator-Syndikus zu Fontenay	44	—
Lemelletier. Wundarzt zu Trevour	37	—
Gallet. Mitglied des Tribunals zu Trevour	34	—
Chovin. Husarenwachtmeister	23	—
von Deveile. Von Adel, dann ein Ackersmann	50	—
Jardin. Oberster Greffier des ehemaligen Chatelet. War als ein rechtschaffener Mann der Schrecken der Diebe und Schelme, die sich jetzt an ihm rächten	71	—
Robiquet. Leinwand- und Tabakshändler	42	—
Jocaille. Leinenfabrikant zu Cambrai	50	—
Martin. Koch	55	—
Lamoignon, verwitwete Destournelles. Aus dem Hause der Lamoignon-Malesherbes	78	—
Graf Bethune-Charost. Aus Brabant. Er empfing in Paris den Lohn, den er zehnfach in Belgien durch seine Aufwiegelung an seinem Souverän verdient hatte, wo er einer von den Chefs der Rebellen war und in Frankreich Hilfe suchte. Ein junger Phantast, wie es jetzt so viel dergleichen in der Revolutionsschwärmerei gibt	23	—
von Nicolai. Aus dem Elsaß; Präsident des Grand-Conseil. Er war als Feuillant Mitwerber von den ersten Revolutionsszenen	57	—
Sourches, verwitwete Volieres. Privatisierend	54	—
Ginot. Advokat	28	—
de Crosne. Letzter Polizeilieutenant von Paris. Er hatte sich in diesem Amte durch seine große Milde und Menschenliebe ausgezeichnet und wurde daher, selbst während den ersten Revolutionsjahren, vom Volke geachtet und geschont; aber Robespierre und seine Faktion schonte ihn nicht	87	—

Name und Stand.	Alter.	Hinr. April
Fargeon, verwitwete Gräfin Busin. Enkelin des bekannten Grafen Busin	68	28
Angrand d'Alleray. Geweiener Zivillieutenant	78	—
Terray. Intendant zu Lyon. Ein Abkömmling des bekannten Ökonomisten und Ministers Terray, der den Grund mit zur sogenannten philosophischen Umwandlung Frankreichs legte	44	—
Perret, verheiratete Terray. Gemahlin des obigen	43	—
Jean. Leineweber	27	—
Nicolas. Schuster	52	—
Langlois de Pommerie. Rat der großen Kammer des Pariser Parlaments	50	Mai 1
Sophia Chupin de Pommerie. Dessen Gemahlin	43	—
Vigner. Dessen Kaplan	40	—
Lignu. Dessen Pächter	59	—
Langlois de Rein. Dessen Bruder und geweiener Lieutenant der Garde Française	46	—
Chalmeton. Advokat	40	—
Bernard. Holzhändler	32	—
Poulet. Agent des Beaufermont	60	—
Rogaret. Ladendiener eines Würzkrämers zu Besançon	45	—
Mouthon. Lieutenant der Gendarmerie zu Carouge in Savoyen	34	—
Rabaut. Reeder zu Marseille	46	—
Glutron. Gastwirt und Entrepreneur des Kriegsfuhrwesens zu Everenx	—	—
Landois. Dessen Kommis	—	—
Carbillet. Schreinermeister und Lieutenant des Bataillons St. Lazare zu Paris	52	2
Diacon, in Neufchatel geboren. Inspektor des Feuergewehrs im Zeughause zu Paris	50	—
Tassin-Toletang. Wechselagent und Kommandant des Bataillons les filles de St. Thomas zu Paris. Dieses Bataillon hatte sich von jeher als ein Freund der Aufrechthaltung der Gesetze und Ordnung gegen die Anarchie bewiesen; so zeigte es sich im champ de Mars 1791, so am 20. Juni 1792, als die Pöbelrotten in die Tuilerien einbrachen und schon damals einen 10. August im Schild führten, der zum Teil durch dies Bataillon vereitelt wurde: inde irae! Toletang war derjenige, welcher damals den Pickenstoß parierte, den man auf den König führte, und seine zwölf mit hingerichteten Kameraden standen ihm treulich bei. Kein Wunder also, daß man sie gerichtlich mordete, als die Anarchie despotisierte. Toletang war 1791 einer von den Pariser Wahlherren	51	3
Tassin. Bruder des vorigen, Bankier und Munizipalbeamter 1790	52	—

Name und Stand.	Alter.	Bur. Mai
Van-Moring, aus Mannheim. Chef des Büreau des Komitee der Bankiers. Grenadierhauptmann des Bataillons	40	3
Piguet. Adjutant de la Fayette: Grenadierlieutenant des Bataillons	39	—
Angibauld. Speisewirt und Grenadier des Bataillons	37	—
Laurent. Glaser und zweiter Souslieutenant des Bataillons	28	—
Parisot. Adjutant der Pariser Nationalgarde. Grenadier des Bataillons	50	—
Deschamps-Tres-fontaine. Unter-Chef der Comptabilité der Ein= registrier-Gefälle. Grenadier des Bataillons	51	—
Rougemont. Lotteriedirektor; Grenadiersergeant des Bataillons	42	—
Maulguet. Baumeister. Kapitän des Bataillons	46	—
Berard. Kaufmann, Reeder und Kommandant des Bataillons	53	—
Perret. Wechselagent und Kommandant des Bataillons des petits-pères	37	—
Daugeit. Edelmann und Ludwigsritter vor der Revolution. Nach der Revolution Papiermacher und Grenadier des Bataillons St. Thomas	58	—
Revour-Chevagny. Edelmann, gewesener Auditeur der Chambre des comptes zu Dole	74	—
Marquis Choiseul la Baume. Generallieutenant	61	4
Cutrailly. Rechtsgelehrter und Geschäftsmann des obigen	52	—
Monniotte. Präsidialrat zu Besançon	73	—
Lebegue d'Oyseville. Edelmann. Bruder des Staatsministers Du-Portail, Maire zu Pithiviers	58	—
Lebegue Bons. Desgleichen und Advokat	70	—
Manvielle. Edelmann	59	—
de Bierval. Gewesener Musketier, Oberstlieutenant der Kavallerie, Ludwigsritter	76	—
Graf Coy. Oberster, Ludwigsritter; Deputierter der ersten Natio= nalversammlung	55	—
Boissard. Advokat; Prokurator zu Pontorlier	55	—
Martin. Notar	37	—
Lacroix. Gewesener National-Lottodirektor	52	5
Saintcroix. Konditor-Bursche	19	—
Durand. Gendarm	24	—
Loiselier. Putzmacherin	44	—
Duchesne. Bedienter	60	—
Sauroge. Gewehrfabrikant	34	—
Fanny Henouf. Putzmacherin	21	—
Biroll. Damen-Friseurin	25	—
Labussiere. Edelmann. Hauptmann des Regiments Angoulême	54	—
Fräulein Duverne	36	—
Frau von Valory, verwitwete Mazin. Sie war aus Quesnoy ge=		

Name und Stand.	Alter.	Hinr. Mai
bürtig und genoß nicht das Glück ihrer Vaterstadt, das jetzt wieder glücklich unter Österreichs Hoheit war	67	5
Frau von Dremi, verheiratete de Lichy	62	—
Lejolivet. Ingenieur und königl. Baumeister, aus Dijon	67	—
Lamogniere. Greffier aus Dijon	67	—
Gueland. Mitglied der Handlungskammer zu Dijon	60	—
Galeton. Perückenmacher und Munizipal-Beamter zu Dijon	50	—
Joudrier. Perückenmacher zu Dijon	36	—
Thiery. Perückenmachergeselle zu Dijon	20	6
Testard. Ehemaliger Parlaments-Prokurator zu Dijon	49	—
Ville. Perückenmacher zu Dijon	26	—
Sallez. Kaffeeschenke, zu Saulieu	42	—
Guenot. Weinhändler	46	—
Chaussier. Holzhändler zu Dijon	51	—
Marquis Jourcourt. Oberster und Porte-Guidon der Gendarmerie de France	51	—
Charlotte Dannesseau. Frau des Montrant, Prévot der Marechaussée in Burgund	67	—
Pontet, aus Metz. Geweiener Parlamentsrat dieser Stadt	56	—
Wagner, aus Saarlouis. Landmann; Departements-Administrator	43	—
Briant. National-Agent	34	—
Flos der jüngere. Postmeister zu Boulay; Departements-Mitglied	36	—
Pierron. Departements-Administrator	32	—
Courtois. Desgleichen	33	—
Sequerre. Desgleichen	65	—
Thibault. Desgleichen	60	—
Voler. Gastwirt zu Rodemacher	38	—
Geant. Departements-Administrator	41	—
Collin. Substitut des Parlaments-Prokurator zu Metz; nach der Revolution Präsident des Kriminal-Tribunals der Mosel. Er und die zehn vorstehenden, weil sie 1789 und 1790 die Kirchengüter nicht alle eingezogen und gegen die Jakobinischen Societäten ihres Departements nicht glimpflich verfahren	54	—
Chevondier. Lieutenant der National-Gendarmerie	32	7
Ferrier. Wundarzt	33	—
Sulpice. Bedienter bei einem Adeligen	23	—
Guintrand. Matrazenmacher	34	—
Fihn. Schreiner	30	—
Pascal. Fuhrmann	20	—
Rameau. Edelmann; Deputierter der zweiten Nationalversammlung	57	—
Rameau, Bruder des obigen. Friedensrichter zu Cosne	62	—
Petit-Jean. Advokat, dann Kommissär bei der Nordarmee zu Dumouriez' Zeiten, der ihn in seinen Memoiren wegen seiner Thätigkeit lobt	48	—
Delaage, der Vater. Edelmann, General-Pächter	70	8

Name und Stand.	Alter.	Hinr. Mai
Dauge de Bagueur. Desgleichen	55	8
Paulz. Desgleichen	71	—
Lavoisier. Edelmann, General-Pächter. Mitglied der Akademie der Wissenschaften; berühmt als großer Chemiker und Naturkenner	50	—
Puissant. Edelmann, General-Pächter	60	—
St. Amand. Desgleichen	74	—
Moncsour. Desgleichen	68	—
Parcel. St. Christian. Desgleichen	44	—
Boulogne. Desgleichen	45	—
Lebas-Courmont. Desgleichen	52	—
Parceval-Frileuse. Desgleichen	35	—
Papillon-Santroche. Desgleichen	64	—
Maubert-Neuilly. Desgleichen	64	—
Brac de la Perriere. Desgleichen	68	—
Rougert. Desgleichen	75	—
Derautes. Desgleichen	68	—
Fabus-Vernant. Desgleichen; Jägerkapitän des Bataillons de St. Thomas	47	—
Deville. Desgleichen	44	—
Guguiaur-l'Epinay. Desgleichen	55	—
Prevot-d'Orlincourt. Desgleichen	50	—
Saleur de Grifiens. Desgleichen	64	—
Delahane. Desgleichen	36	—
Mesnage de Pressigny. Desgleichen	61	—
Couturier. Desgleichen	60	—
Duvaucel. Desgleichen	40	—
Parceval. Desgleichen, und Kommandant eines Bataillons Pariser Nationalgarden	36	—
Didelot. Desgleichen	59	—

Loiseau-Berenger. Desgleichen. Die Hinrichtung dieser achtundzwanzig Generalpächter hatte zwei Bewegungsgründe. 1) Die Bemächtigung ihres ungeheuern Vermögens, der Hauptbewegungsgrund. 2) Dem frivolen und grausamen Volke von Paris dadurch ein Schauspiel, etwa Gelegenheit zu ein paar witzigen Einfällen über das Schicksal dieser, ehemals so reichen und mächtigen Wohllebenden zu geben, und es ein paar Tage von der Aussicht auf die siegenden Heere der Deutschen abzulenken. Man beging auch die Bosheit, in ihr Urteil alle die Mährchen zu setzen, womit sich sonst der Pöbel von der Generalpacht seit langen Zeiten zu tragen pflegte und sie als überwiesene Verbrechen anzuführen, die das Todesurteil nach sich gezogen. Es geschah an eben dem Tage, wo Robespierre dem Deismus förmlich einen Tempel weihte, Frankreich das

Name und Stand.	Alter.	Hinr. Mai

seligste Land der Erde und sein Volk ein Volk schalt, das um 2000 Jahre dem ganzen Menschengeschlecht zuvorgekommen wäre, und giftig den monarchischen Staaten alle die Greuel andichtete welche in allen fünf Weltteilen jetzt nirgends angetroffen werden, als allein in Frankreich! 62 8

Madame Elisabeth von Frankreich. Schwester Ludwigs XVI. Jugend, Unschuld und Schönheit schmückten ihre Seele und ihren Körper. Mit unerschütterlichem Mut ertrug sie die Schmach und die Leiden, womit man sie unaufhörlich peinigte, und half sie dem König der Königin und den beiden königlichen Waisen ertragen. Nie mischte sie sich in Staatshändel und ihre Hilfe war unermüdet den Notleidenden geweiht, als noch der Thron ihres königl. Bruders aufrecht stand. Die Nachwelt ehrt und feiert ihr heiliges Andenken! Man trieb die Grausamkeit so weit, sie zuletzt hinzurichten, um ihre Seele durch den Anblick so vieles Blutes zu erschüttern; aber sie fand in ihrer Unschuld und in ihrem Gebet eine Stärkung, die ihre Mörder zu ohnmächtig waren, ihr rauben zu können . . 30 10

Graf Beneuf-Sourdeval. Graf . . . . 69 —
Anna Duwack, aus Westfalen. Verwitwete Frau von Aigle . . 55 —
Frau von Lamoignon. Verwitwete Marquise Senosan . . . . 76 —
Charlotte Beisin. Marquise d'Amboise . . . . 64 —
Follope. Apotheker. Munizipalbeamter . . . . 64 —
Mamselle Buard. Von ihren Renten lebend . . . . 52 —
Letellier. Edelmann . . . . 22 —
Gresin-Chamillon. Edelmann und Lieutenant, nach der Revolution Kaufmann . . . . 33 —
Hall. Fabrikant . . . . 26 —
Graf Lomenie. Gewesener Oberster eines Jägerregiments . . . 36 —
Herr von Lomenie. Vater des obigen; ehemaliger Kriegsminister. Nach der Revolution Maire zu Briennes. Einer der ersten, welcher den König verließ . . . . 64 —
Montmorin. Sohn des ermordeten Ministers. Souslieutenant der reitenden Jäger . . . . 22 —
Lomenie. Koadjutor des Erzbischofs zu Sens. Dieser Erzbischof oder der Kardinal Lomenie, ein großer Feuillant, Beförderer und Gründer der Revolution, hatte sich im Gefängnis selbst ermordet, nun schleppten statt ihn seine ehemaligen Klienten seine Familie aufs Schafott . . . . 30 —
Megret de Serilly. Kriegszahlmeister; nach der Revolution Landmann 48 —
Anna Thomas. Seine Gemahlin . . . . 41 —
L'hôte. Sein Bedienter . . . . 47 —
Megret d'Etigny. Edelmann. Adjutant der ehemaligen Gardes Françaises . . . . 46 —

— 59 —

Name und Stand.	Alter.	Hinr. Mai
Dubois. Sein Bedienter	41	10
Lomenie. Edelmann. Ritter des Ludwigs= und des amerikanischen Cincinnatusordens. Einer von den jungen Schwärmern, welche aus Amerika den ersten Samen des Freiheitsschwindels mit nach Frankreich brachten, um — dadurch den Kopf zu verlieren	33	—
Taneff, verwitwete Montmorin. Witwe des würdigen, im September ermordeten Ministers Montmorin	50	—
Anna Lomenie. Frau von Canisy. Ihr Mann emigriert und sie von ihm geschieden	29	—
Maria Rosset. Frau von Rosset=Cercy, eines Seeoffiziers	44	—
Graf L'hermitte. Oberstlieutenant der Karabinier und Maréchal de camp	65	—
L'hermitte de Chambertrand. Sein Bruder; Domherr zu Sens	60	—
St. Germain de Villeplat. Generalpächter	66	—
Anna Desmarest. Nonne des Klosters Thomas d'Acquin	59	—
Goyon. Nähterin	77	—
Anna Aubert. Nonne des Klosters Thomas d'Acquin	—	—
Desmousseaux. Gewesener Vikar der Kirche St. Paul zu Paris. Nach der Revolution Kommis bei einem Einnehmer	37	—
Lecointre. Domherr zu Mans	73	—
Voillerault. Dorfpfarrer zu Montargis	62	12
Lambert. Surnumerar beim Bureau d'Enregistrement	23	—
Graf Laitic. Auf seinen Gütern lebend	74	—
Raclet. Direktor der Korrespondenz des Régie générale	70	—
Bocquenet. Rechtsgelehrter	52	—
Thomassin. Edelmann und nach der Revolution Landmann	44	—
Anna Mandat, verheiratete Thomassin. Frau des obigen; Tochter des wackeren Mandat, der als Kommandant der Pariser Nationalgarde, welche Stelle er nach la Fayette begleitete, am 10. August 1792 auf dem Hôtel de ville ermordet wurde	26	—
Fougeret. Edelmann und Generalpächter	60	—
Jouen. Quartiermeister eines Dragonerregiments	47	13
Mauget. Professor der Physik zu Caën	40	—
Rollet=Davau. Edelmann, Präsident der Sénéchaussée von Riom	68	—
Devillennes, dessen Gemahlin. Von adeliger Geburt	59	—
Louyer. Notar; Munizipalbeamter	67	—
Ubelesky. Polake	48	14
Lanloup. Edelmann; Arzt zu St. Loup	65	—
Prevot d'Arlincourt. Generalpächter	76	—
Touet. Edelmann, Generalpächter	73	—
Bataille=Francés aus Straßburg, seine Gemahlin	60	—
Mercier. Generalpächter	78	—

Name und Stand.	Alter.	Hinr. Mon
Del. Prokurator des Pariser Parlaments, Landmann nach der Revolution	44	14
Morn d'Helvange. Edelmann, Gelehrter	56	
Morn d'Helvange. Sein Sohn, Apotheker zu Rouen	18	—
Sagny. Sekretär des Generals Duhont, hernach Husar beim sechsten Regiment	28	—
Bournat. Leineweber, Soldat des Bataillons de l'Aisne	24	—
Bertrand. Proviantmeister zu Seure	44	15
Chiavari. Edelmann, gewesener Hauptmann der Infanterie	28	
Fassin. Arzt	41	—
Mennier. Kaufmann; Deputierter der ersten Nationalversammlung, Maire zu Nismes	65	—
Fenard. Notar und Prokurator. Syndikus zu Bitsch	44	
Knöpfler. Notar zu Bitsch und Gemeindeprokurator	37	—
Henry. Kaufmann und Gemeindesekretär zu Bitsch	66	—
Blaß. Würzkrämer und Distrikts-Administer von Bitsch	44	—
Rousselet. Benediktinermönch und konstitutioneller Dorfpfarrer	52	16
Bezard. Kaufmann, Administrator der Diskontokasse, die in den ersten Jahren der Revolution dem Nationalschatz so vielmal aus der Not half; hier der Dank dafür	49	—
Aubissé. Kommissär zu Terrier	30	—
Moreau. Adjutant der Generaladjutanten der Nordarmee	28	—
Lartigue. Dorfpfarrer	60	—
Gravier, aus Colmar. Sekretär Ludwigs XVI.	56	
Foulon. Förster	47	
Foulon. Sein Bruder, desgleichen	33	
Buret. Pächter	33	—
Labattu. Schuster	48	17
Ledet. Schuster. Wegen schlechter Kommisschuhe, sowie vorstehender	28	—
Derat. Mannsschneider. Mitglied des Kriegsausschusses zu Orleans und Aufseher bei einem dasigen republik. Arbeitshause	38	—
Leron. Tuchscherer und Lieferant der Mainzer Armee	41	—
Mongone. Dorfpfarrer	70	—
Komé. Edelmann	46	
Dufaulnier. Desgleichen	71	—
Isnard. Bauer	29	
Millange. Quartiermeister der Freiheitshusaren	45	
Perillat. Taglöhner zu Cluse im Chamounythal	22	—
Bourre de Corberon. Aidemajor der Gardes Françaises	48	18
Collier. Sein Haushofmeister	43	
Tipfe. Edelmann, Ludwigsritter, Hauptmann	56	
Blanquet. Würzkrämer, Reeder und Munizipal zu Dieppe	59	—
Clerc. Taglöhner	56	

Name und Stand.	Alter.	Hinr. Mai
Teiffer. Geschäftsmann des Barons Wenzel	54	18
Pako, aus Lüttich. Dominikanermönch und Vikar zu Gimné im Lüttichschen	34	—
Zezeron. Kommis bei einem Renteneinnehmer	26	—
Marthien. Packknecht	30	—
Porta, aus Brescia. Kanonier	24	—
Sabatern. Pächter und Maire zu Valveos	33	—
Teissier. Baron, Deput. der ersten N.-V., Maire zu Nismes	52	20
Descombiers. Edelmann; Schiffslieutenant	66	—
Bones-Brun. Redakteur eines Journals zu Nismes	30	—
Filsac. Rechtsgelehrter, Departements-Sekretär zu Cahors	36	—
Labarthe. Weinhändler zu Cahors	74	—
Burgere. Notar, Tribunalrichter daselbst	41	—
Saisseval. Witwe des Obersten Dutiller	49	—
Maria Clerie. Ihre Kammerfrau	49	—
Henevaur. Frau des Buchhändlers Leselapart	48	—
Maria Lucas de Blair, aus St. Domingo, ledigen Standes	28	—
Webert, aus Zabern. Buchhändler	25	—
Surmain. Edelmann, Maire zu St. Jean de Lone	38	—
Donen. Koch der verstorbenen Königin Maria Antoinette	31	—
Barben. Strumpfwirker	38	—
Laviolette. Juwelierer, Adjutant der Revolutions-Armee	22	—
Bresillon. Brigadier dieser Armee	40	—
Tournacos, aus Metz. Für einen deutschen Baron sich ausgebend	38	21
Nicolas. Bedienter bei Lord Kren	59	—
Brunel. Kammerdiener bei Lord Kren	44	—
Lassilard. Kassierer des Grafen Artois	63	—
Delignon. Schreibmeister zu Vienne	42	—
Simard. Kanonikus und Dorfpfarrer	66	—
Vassall. Edelmann	35	—
Ragot. Nonne	55	—
Lessot. Zollhausaufseher	43	22
Namis. Kassenkontrolleur	48	—
Bourgeois. Perückenmacher und Sergeant der National-Garde	32	—
Rover. Jäger von der Alpenlegion	28	—
Courcin. Trödler	41	—
Carré. Würzkrämer	31	—
Guedon, aus Savoyen. Obsthändler	34	—
Cuery. Trödler	30	—
Vasseur. Bedienter, hernach Korporal bei der Revolutions-Armee	42	—
Mintchen, aus dem Schwarzwald. Mannsschneider	36	—
Jaroussiet. Notar	51	—
Paul. Portefeuillemacher	40	—
Bareme. Edelmann, Furier beim ersten Husarenregiment	35	23

Name und Stand.	Alter.	Hinr. Wai
Bareme, sein Bruder, gemeiner Husar	32	23
Bareme, sein Bruder, gemeiner Husar	30	—
Anna Ferry, verwitwete Dupre. Krankenwärterin	52	—
Lanoue. Maler	37	—
Didier. Papiermacher	35	—
Aubrui. Schustergeselle	72	—
Pavia Coßard. Frau eines Juweliers; Mitarbeiterin am Theater-Journal	27	
Conolle. Mineralogist	50	—
Dorly. Kriegskommissär und dem Kriegsminister Beournonville adjungiert	60	—
Provenchere. Kaufmann. Administrator des Monturwesens	58	—
Lemarquand. Lieferant von Kamaschen und Mantelsäcken für die Armee	69	—
Barth. Krämer und Lieferant der Armee	33	—
Fortin. Krämer, Kommis bei einem Bankier	44	—
Daumangeville. Edelmann, gewesener Rittmeister	30	24
Tisserand. Vorreiter beim hingerichteten Herzog von Châtelet	40	—
Gauthier. Kerkermeister der Mairie	50	—
Durand. Aufseher über ein Monturen-Magazin	28	—
Pascal. Lieutenant der National-Gendarmerie	41	—
Paulin. Professor der Geographie	35	—
Biragues de Liledon. Edelmann, gewesener Musketier	58	—
Cuvier. Baumeister. Mitglied des Revolutions-Ausschusses zu Vanores	42	—
Prud'homme. Fischhändler	48	—
Franziska Prud'homme. Seine Frau	60	—
Charlotte Perad. Wäscherin	38	25
Maria Demaur. Frau eines Gerbers	50	—
Graf Lancry Prouleroy. Offizier der ehemaligen Gardes Françaises	26	—
Joly. Gewesener Direktor der Femes in Burgund	56	—
Milcent; Kreole. Pflanzer aus St. Domingo. Er war Mitglied der Provinzial-Assamblée des Kaps, Kapitän der Bürgermiliz, und nachher Kommandant der National-Garde am Kap: er ging nach Paris 1790 und schrieb daselbst ein revolutionäres Blatt le Créole Patriote. Das schützte ihn nicht vor dem Tode	54	26
Hannenet. Salz-Zolleinnehmer	51	—
Graf Mirepoix. Mitglied der ersten National-Versammlung, Maréchal de camp und Oberst eines Regiments Dragoner	41	27
Elise Mathieu. Gemahlin des Präsidenten des Parlaments zu Nancy Vigneron	51	—
Susanne Vigneron. Ihre Tochter	23	—
Donnadieu. Brigadegeneral. Wegen vorgeblicher Verräterei der Weißenburger Linien		—

— 63 —

Name und Stand.	Alter.	Hinr. Mai
Jude. Rat des ehemaligen Chatelet	46	27
Jouve Jourdan. Chef einer Eskadron National=Gendarmerie. Das berüchtigte Ungeheuer von Avignon. Er war zu St. Just geboren; erst Metzger, dann Hufschmiedgeselle, dann Soldat beim Regiment Auvergne, dann Stallknecht bei dem Marschall la Beaur, dann 1787 und 88 Weinschenke zu Paris unter dem Namen Petit, dann Färberrothändler zu Avignon, dann coupetête in der Versailler Oktobernacht, dann General der Armee von Avignon, wo er die Greuel und Barbareien verübte, die jedem Leser noch erinnerlich sein werden. Die National=Versammlung auf Brissots Vortrag sprach ihn und seine Komplizen von aller Untersuchung frei, und er wurde zum Chef einer Gendarmerie=Eskadron befördert, und verlor als ein Klient Brissots, durch die Fügung des göttlichen Strafgerichts, auf Robespierres Schafott endlich sein lasterhaftes Leben	45	—
Binet. Sattel=Meißer; Sergeant eines National=Bataillons . .	28	—
Avener. Zahnarzt	36	—
Houry. Wallieyer	57	—
Pruneau. Souslieutenant des 17. Reiterregiments. Er und die 13 folgenden noch wegen Dumouriez' Übergang zu den Österreichern	42	—
Beauregard. Ebenfalls	42	—
Juret Prebaron. Edelmann. Rittmeister dieses Regiments . .	44	—
Hery. Lieutenant dieses Regiments	19	—
Lecandre. Rittmeister dieses Regiments	27	—
Bugnotel. Regiments=Feldscher dieses Regiments	25	—
Moilet. Souslieutenant dieses Regiments	48	—
Sun. Gleichfalls	26	—
Perillot. Gleichfalls	26	—
Prune. Eskadron=Chef dieses Regiments	46	—
Jourdenil. Souslieutenant dieses Regiments	29	—
Arnaud. Gleichfalls	44	—
Poisson. Gleichfalls	37	—
Bonnot. Adjutant des Regiments	37	—
Leteiller. Winzer. Mitglied des Aufsichtsausschusses zu Martin des champs	36	28
Nageot. Schneider. Mitglied desselben Ausschusses . . .	38	—
Maria Feron. Seine Frau	40	—
Feron. Taglöhner; ihr Bruder	46	—
Olivier. Winzer und Maire zu Martin des champs	58	—
Duhamel. Schneider und Nationalagent zu Martin . .	54	—
Leger. Müller	49	—
Fenaur. Fahrknecht bei diesem Müller	40	—

Name und Stand.	Alter.	Hinr.
		Mai
Petit. Faßbinder. Maire zu Anmoy	49	28
Simon. Bedienter eines Parlamentsrats	61	—
Franziska Chevalier. Nähmädchen zu Besançon	28	—
Villemin. Taglöhner daselbst	26	—
Baillot. Tabaksraspeler	37	—
Dumazet. Glaser	25	—
Dauphin-Lauval. Edelmann, Oberst-Lieutenant der ehemaligen Gardes Françaises	49	30
Graf Latour Donner. Oberst	64	—
Put. Regen- und Sonnenschirmhändler	24	—
Lacodre. Bailli eines Mönchsklosters, Notable der Gemeinde Sunit	65	—
Ferrupou. Schatzmeister	37	—
Compain. Landmann und National-Agent seiner Dorfgemeinde	54	—
Charlotte Rautiat. Tochter des Barons Rautiat	41	—
Guibora. Winzer dann Husar	24	—
Begu. Vor der Revolution Huissier; nach der Revolution Oberst-Lieutenant	40	—
Moret. Dorfpfarrer	46	—
Lecoq. Desgleichen	60	—
Lacroix. Förster	38	—
Carou. Dorfpfarrer	36	31
Pont. Desgleichen	60	—
Hugault. Desgleichen	51	—
Hern. Offizier, dann Landmann	25	—
Lamore. Edelmann	60	—
St. Saulieu. Konsulent eines Klosters. Weil man ihn in einem Walde mit einer Flinte und Pistol gefunden	44	—
Huguet, aus Brüssel. Strumpfwirker	36	—
Simonnet. Generalpächter	42	—
Marguerie. Edelmann, Oberst der dritten Division der königl. konstitutionellen Garde	38	—
Chantemerle. Professor zu Moulins; Hofmeister des Sohns eines Parlaments-Präsidenten	37	—
Pierion. Sekretär des alten würdigen unglücklichen Malesherbes	33	—
Beaufre. Gleichfalls	36	—
Duvivier. Kommis beim Kriegsbüreau. Wegen Anteil am Diebstahl im Garde-meuble. 1790	60	—
		Juni
Brillon de St. Cyr. Maitre des comptes	52	1
Germain. Seidenstoffabrikant	38	—
Pellet. Auditeur des comptes	37	—
L'Herbette. Makler; dann Schreiber eines Notarius	34	—
Chauvereau. Kaufmannsdiener	38	—
Bois Marie. Lehrer einer Erziehungs-Anstalt	23	—

Name und Stand.	Alter.	Hinr. Juni
Auger. Damenfriseur; dann Furier eines Husarenregiments	23	1
Megard. Trödler; dann Kammerdiener und Bevollmächtigter des emigrierten Grafen Torelly. Weil er Geld des Grafen vergraben	26	—
Milin Duperreur. Edelmann	62	—
Serigny. Dorfpfarrer	43	—
Berthier. Metallvergolder	43	—
Levasseur. Dorfpfarrer	38	—
Brille. Erst Obsthändler, dann Journalverkäufer	30	—
Ferrey. Kaplan des Domes zu Coutances	33	2
Guingern. Frau des Postmeisters More	35	—
Barre. Prokurator des Chatelet	68	—
Marquis Apremont. Bailly von Gisors	68	—
Armand. Winzer	61	—
Perrin. Likörfabrikant	26	—
Daniau. Schreiber bei einem Prokurator, dann Souslieutenant der National-Miliz	26	—
Lecoq. Schreiber bei einem Notar, dann Bäcker zu Ryssel	30	—
Maindouze. Juwelier	53	—
Duvin. Holzhändler	29	—
Cassaignes. Vikar einer Kirche zu Paris	41	—
Bourdet. Ebenfalls	33	—
Desrousseaur. Tuchfabrikant, Maire zu Sedan. Er und die folgenden, 26 wegen Arretierung der National-Kommissäre 1792 auf la Fayettes Befehl. Von diesen damals zu Sedan arretierten National-Kommissären, weswegen diese Leute guillotiniert wurden, sind seitdem selbst zwei vom Konvent guillotiniert	—	—
Legardeur	42	3
Hussin. Tuchfabrikant, Munizipal zu Sedan	60	—
St. Pierre. Gleichfalls	63	—
Fournier. Von seinen Renten lebend, Munizipal zu Sedan	55	—
Petit. Würzkrämer, Munizipal zu Sedan	42	—
St. Simon. Arzt, Munizipal zu Sedan	50	—
Lenoir. Vor der Revolution Platzmajor, dann Munizipal zu Sedan	61	—
Lenoir. Färber, Munizipal zu Sedan	39	—
Baroquier. Notable zu Sedan	62	—
Grosselin. Würzkrämer; Notable zu Sedan	66	—
Lechanteur. Brauer, Notable und Administrator zu Sedan	31	—
Mesmer. Brauer, Notable zu Sedan	52	—
Henny. Buchhändler, Notable zu Sedan	46	—
Jemme. Zimmermann, Notable zu Sedan	56	—
Tayour. Brauer, Notable zu Sedan	41	—
Garbour-Vernon. Desgleichen	44	—
Latre. Schneider, Notable zu Sedan	44	—

Name und Stand.	Alter.	Hinr. Juni
Edet. Schreiner, Notable zu Sedan	46	3
Ludet. Schwertfeger, Notable zu Sedan	64	—
Rousseau. Tuchhändler, Notable zu Sedan	56	—
Dalche. Goldschmied, Notable zu Sedan	65	—
Serrais. Ofenmacher, Notable zu Sedan	66	—
Laurent. Konditor, Munizipal zu Sedan	63	—
Bechet. Fabrikant, Munizipal zu Sedan	60	—
Bechet, sein Sohn. Tuchfabrikant, Munizipal zu Sedan	38	—
Fanssois. Speisewirt, Munizipal zu Sedan	55	—
Lefranc. Regimentsfeldscher	54	—
Martin. Schuster	65	—
Cordelois. Wundarzt	36	—
Deslandres. Brigadier der Gendarmerie	58	—
Guidet. Invalide	64	—
Dauphin-Gouriac. Edelmann; Oberst-Lieutenant	67	5
Thomas. Verwitwete Gouriac; seine Mutter	80	—
Fräulein Dauphin-Gourfac. Seine Schwester	54	—
Jaquet-Gonin. Geschiedene Gemahlin des Herrn von Pasquier-Larevennechere	42	—
Clement. Dorfpfarrer	52	—
Dauphin-Lapeure. Edelmann	53	—
Maria-Dufour. Gesellschaftsdame der Frau von Gouriac	68	—
Marquis von Bieville. Kammerherr und Parlamentsrat zu Rouen	69	—
Leduc. Sein Sohn; Jägerlieutenant	27	—
Mennard. Advokat	46	—
Dufouleur. Notar	38	—
Mareuil. Haushofmeister des Grafen Arembry	49	—
Letenneur. Edelmann; königl. Stallmeister und Oberst-Lieutenant	60	—
St. Mihiel. Lieutenant der National-Miliz	33	—
Thirial. Mitglied der ersten National-Versammlung. Gewesener Dorfpfarrer; dann Arzt zu Versailles	40	—
Laurenzo. Gelehrter. Gewesener Polizeikommissär zu Brüssel	29	—
Gniller de Ronac. Gemahlin des Herrn von Gniller, königl. Sekretärs	45	—
Meraud. Konstitutioneller Dorfpfarrer	60	—
Marquis Villeneuve Trans. Gewesener Oberster des Regiments Roussilon	54	—
Daigue, aus Savoyen. Bedienter des Herzogs von Luxemburg	32	—
Mezeron. Employé bei den National-Domänen	45	—
Maria Perrier. Verwitwete Frau von Fontenau	57	—
Vicomte Lavallette. Lieutenant der ehemaligen Gardes Françaises	39	—
Aboulin. Dragonerlieutenant	36	—
Fournier. Konstitutioneller Dorfpfarrer	31	—
Delany, ein Irländer. Soldat und englischer Deserteur	17	—

Name und Stand.	Alter.	Hinr. Juni
Patrick Roden, Irländer. Gleichfalls	28	5
Soubry, aus österreichisch Flandern. Bauer	34	—
Callevart, aus Brügge. Zimmermann	28	—
Foiret. Schreibmeister zu Brügge	27	—
Mordock, Schotte. Kammerdiener eines Grafen	—	—
Cousin. Sekretär eines Generalprokurators, dann Besitzer eines maison garnie zu Rouen	45	—
Newton, Engländer. Kavallerie-Oberster	33	—
Forceville. Edelmann	42	—
Mercier d'Aubeville. Präsident, dann Tribunalsrichter des Distrikts Pithiviers	59	—
Roussat. Holzförster, dann Bauer	57	—
Rolland. Wallfetzer	40	—
Landier-Rendou, aus Brügge. Schlosser; österreichischer Deserteur	25	—
Dauphin-Chadevaud. Edelmann; nach der Revol. Handlanger zu Jonsac	43	—
Jaquemont. Nähterin; Witwe des Zollbedienten Badel	49	—
Vial. Kaufmann	71	—
Marchais. Seine Frau	52	—
Leclerc. Verwitwete Lebatty	44	—
Lecointre. Volontär bei der Artillerie	18	7
Thefut. Edelmann	38	—
Lecoq. Bedienter des Ministers Rolland	30	—
Cadet. Bauer	37	—
Nayer. Gleichfalls	34	—
Bachelier. Gleichfalls	44	—
Lecinque. Sekretär des Hrn. von Mirebeck	50	—
Dornout. Kammerdiener des Schweizerbankiers Coster; dann Spion des allgemeinen Sicherheitsausschusses	36	—
Larget. Kommis der Nat.-Domänen	31	—
Deffault. Edelmann, dann Bauer	43	—
Boucher. Notar	45	—
Bourgeois. Salzhandel-Inspektor	44	—
Grommer. Notar	56	—
Deshayes. Rechtsgelehrter	45	—
Namur. Bauer	60	—
Leyrand. Gleichfalls	45	—
Lemaire. Eisenhammermeister; dann Landmann	67	—
Blay. Bauer	29	—
Chauzy. Gleichfalls	63	—
Gerard. Königl. Prokurator	49	—
Gerard. Rechtsgelehrter; sein Bruder. (Er und die 11 vorhergehenden waren Administratoren des Ardennen-Departements,		

Name und Stand.	Alter.	Hinr. Juni
und wurden hingerichtet, weil sie die von La Fayette 1792 ihnen zugefertigte Arétés und Proklamationen publizieren!!!	34	7
Devons. Edelmann	69	9
Devons. Sein Sohn; nordamerikanischer Seeoffizier	37	—
Devons. Seine Schwester; Nonne	63	—
Devons. Seine zweite Schwester; Nonne	60	—
Rongare de Printal. Parlamentspräsident	75	—
Ventrard Fond Bouillant. Tabakshändler	57	—
Perron. Maitres des comptes zu Dijon	60	—
Croissy. Dorfpfarrer	35	—
Stabouralt. Advokat und Prokurator	35	—
Beausies. Friedensrichter	54	—
Garnier. Forstbedienter	52	—
Le Bidonderie. Distriktsadministrator	45	—
Le Boulanger. Oberförster	38	—
l'Epinay. Edelmann, Oberstlieutenant des Regiments Champagne	58	—
Herbault. Prokurator, dann Munizipalsekretär	30	—
Scabenralt. Gleichfalls	30	—
Devaur. Regisseur zu Ferté les Bois	31	—
Pelletier. Kaffeeschenke zu München in Bayern	70	—
Dubreuil. Kammerdiener des Herrn Gilbert des Voisins	49	—
Guerbois. Tapezierer des Herrn Gilbert des Voisins	50	—
Aubray. Sekretär des Herrn Gilbert des Voisins	51	—
Vallée. Forstbedienter	37	—
Cormeaur. Dorfpfarrer	47	—
Virant. Konstitutioneller Dorfpfarrer	65	10
Bon. Legionschef des Distrikts von Cosne	30	—
Chaumerot. Postmeister zu Cosne	32	—
Cacadier. Tabaksfabrikant und Friedensrichter zu Cosne	51	—
de Champromain. Gleichfalls	48	—
Perriot. Gesundheitsbeamter. Arzt und Kommandant der Nat.-Garde zu Cosne	40	—
Leclerc. Notar und Nat.-Kommissär des Tribunals zu Cosne	46	—
Lafane. Rechtsgelehrter, öffentlicher Ankläger zu Cosne	37	—
Hardy. Aufseher des Kriegsproviants zu Dünkirchen	61	—
Courleult. Ochsenhändler	27	—
Gallerand. Gleichfalls	27	—
Rochet. Schäßer der Ochsen zu Cosne	27	—
Blot. Ochsentreiber zu Cosne	33	—
Chaput-Dubost. Edelmann; königl. Prokurator	54	11
Tenras. Seine Gemahlin	52	—
Dubost de Champcourt. Sein Sohn	26	—
Chaput-Dubost. Gleichfalls. Diese unglückliche Familie, wegen falscher Nachrichten, so sie ausgesprengt, das heißt, weil sie		

Name und Stand.	Alter.	Hinr. Juni
von den Ereignissen bei den Armeen so sprach), wie sie wirklich am 16. und 22. April zu Landrecy statthatten	24	11
Hebert. Verwandter des berüchtigten Hebert; Lieferant des Holzes zur Heizung für die Armeen	23	—
Lamendin. Pferdeverleiher und Holzlieferant	38	—
Monillon. Aufseher über diesen Holzvorrat	19	—
Lucas. Monturenlieferant	41	—
Robert. Wagner	37	—
Courtin. Brigadier der Gendarmerie	58	—
Jarmin. Taglöhner. Er und die Vorstehenden wegen Veruntreuungen bei obigen Lieferungen	72	—
Dormingue. Advokat; Administrator des Departements de l'Arriège	61	—
Dormingue. Sein Sohn; Rechtsgelehrter und Friedensrichter .	48	—
Mont=Sirbant. Kommis=Greffier des Departements	49	—
Mont=Sirbant. Sein Bruder; Apotheker	38	—
Rigal. Von seinen Renten lebend	36	—
Rigal Moignier. Landmann	36	—
Palma de Frarine. Rechtsgelehrter	73	—
La Rue. Richter des Tribunals eines Distrikts	42	—
La Rue. Sein Bruder, Rechtsgelehrter	33	—
Castel. Kaufmann	37	—
Perrin. Tribunalrichter zu Air	—	—
Noel. Wundarzt	61	12
Hildevert=la=Mare. Gewesener Förster, nachher Gendarm . .	34	—
Langlois. Bedienter	22	—
Chabault. Holzförster	26	—
Curtel	40	—
Huissin. Matrose	20	—
Marinot. Müller	50	—
Turpaur. Administrator der Marine zu Toulon	41	—
Moreau, aus Lüttich. Soldat des 87. Regim. . .	—	—
Baron. Winzer	63	—
Richard. Stuhlvermieter in der gewesenen Jakobskirche . . .	30	—
Geoffron. Vor der Revolution Zolleinnehmer, dann Kommandant der Nationalgarde zu petit Verselle	29	—
Ignar. Grenadier	38	—
Beaudonet. Dorfpfarrer	28	—
Bonillard. Buchhändler und Buchbinder zu Evernan. Er und die sieben obigen, weil sie ungünstig von der gegenwärtigen Lage der Dinge in Frankreich sich geäußert, ihre weißen Kokarden (der Soldat und der Grenadier) behalten, Kontra=Revolutionslieder gesungen 2c.	75	—
Lorreiz. Benediktinermönch. Nach der Revolution Maire zu Ferneze und Armeelieferant	33	13

Name und Stand.	Alter.	Hinr. Juni
Sauvage. Schreiber des Friedensrichter zu Ferneze.	51	13
Ruinet. Holzhändler	42	—
Moreau. Proviantmeister zu Aurenne	61	—
Druanet. Tuchfärber, Gürtler, Lieferant	40	—
Trude. Glaser	50	—
Ferret. Gewesener Kutscher	42	—
Harmaißn, aus Hamburg. Wäscherin	24	—
Guesnier. Schneider. Er und die acht vorstehenden wegen schlechter Schuhe, schlechten Weinlieferungen ꝛc.	31	—
Sirbilot. Munizipal zu Belleville	61	—
Thouards. Maler daselbst	41	—
Molard. Metzger	50	—
Boudouze. Kunsttischreiner zu Lyon	48	—
Ducastellier. Dorfpfarrer	49	—
Bizet. Gärtnerbursche, Freiwilliger bei der Nordarmee	30	—
Baugard. Kaufmann, Maire zu Saarlouis	53	—
Marin. Kaufmann	63	—
Magnant. Gendarm bei den Gerichtshöfen	—	—
d'Escur. Edelmann, Hauptmann	43	—
Borez, aus Lucca. Bedienter bei Cateland	30	—
Borez, sein Bruder. Lohnbedienter	27	—
Bance. Buchdrucker zu Lyon	—	—
Bance, sein Sohn. Gleichfalls	21	—
Senaur. Parlamentsrat zu Toulouse	34	14
de Caument. Gleichfalls	49	—
Gaillard. Gleichfalls	52	—
Tortet-Ribounet. Gleichfalls	45	—
Norrnat-Lacaze. Gleichfalls	48	—
Poulharier. Gleichfalls	60	—
Poulharier, der Sohn. Gleichfalls	31	—
Martin d'Argueville. Gleichfalls	56	—
Reverjac-Celaste. Gleichfalls	51	—
Cassigne. Gleichfalls	68	—
Sajot. Gleichfalls	50	—
Cozes. Gleichfalls	42	—
la Broune. Gleichfalls	41	—
Larroquant. Gleichfalls	49	—
Blanc. Gleichfalls	73	—
Dubourn. Gleichfalls	49	—
Daguin. Gleichfalls	63	—
de Fajoc. Gleichfalls	50	—
Maulinery Monrols. Gleichfalls	46	—
Miegeville. Gleichfalls	57	—
Savy. Gleichfalls	34	—

Name und Stand.	Alter.	Hinr. Juni
Rochefort. Gleichfalls	47	14
Marquis Buisson d'Auxonne. Gleichfalls	30	—
Bonhomme Dupin. Gleichfalls	57	—
Deliot. Gleichfalls	35	—
Montaigu. Gleichfalls	26	—
Freteau. Deput. der ersten Nat.-Vers.	49	—
Lerebours. Präsident des Pariser Parlaments	47	—
de Briffenil. Gleichfalls	52	—
de Titon. Gleichfalls	69	—
Bacquelot. Pächter	47	—
Billioud. Kanonikus zu Sully	60	—
Aubreau. Einnehmer der Nat.-Domänen	67	—
Prevot. Schneider und Bäcker zu St. Quentin	47	—
d'Houre. Kommis	30	—
Lovillard. Friseur zu Orleans	36	—
Boudevin. Buchdrucker	34	—
Godvain. Obsthändler. An eben dem Tage, wo man diese 38 Parlamentsräte und übrigen ehrlichen Leute hinrichtete, sprach das Tribunal zwei falsche Zeugen und Denunzianten frei	36	—
Laplanche. Hausierer	46	15
Constant. Gärtner; gewesener Jäger der Pariser National-Garde. Bekanntlich waren die Pariser Jäger-Kompagnien lauter die Ordnung und das Gesetz liebende Leute, deswegen wurden sie auch aufgehoben	34	—
Senechal. Müller	40	—
Lacroix. Wäscherin	22	—
Maneur. Quincaillerie-Krämer. Gastwirt	40	—
Bertrand. Konditor	45	—
Degleur, genannt la fleur	36	16
Brellon. Königlicher Mundschenk	64	—
Loporte Thiboult. Schreiber bei einem Notar	29	—
Bourdeau. Dorfpfarrer. Zu den Anklageakten dieser vorstehenden kommt mit vor, weil sie falsche Neuigkeiten, das heißt keine Barmiaden erzählt	52	—
Lebrosseur. Intendant der Marine	52	—
Gamache. Landmann	50	—
Levieillard. Königl. Kammerjunker	64	—
Prinz la Tremouille. Clerc-tonsuré	29	—
Graf Gamache. Porte-Guidon der Gendarmerie	52	—
Maucienne. Damenfriseur	41	—
Langlois. Seine Frau	27	—
L'homme. Bedienter	26	—
Mauclair. Buchhändler	31	—
Saler. Violinen-Saitenmacher	22	—

Name und Stand.	Alter.	Hinr. Juni
Dumont. Bäcker zu Straßburg	24	16
Lucas. Schlosser	28	—
Delvaur. Trödler	19	—
Tournier. Gleichfalls	30	—
Betton. Weinhändler	40	—
Legrand. Bedienter des Generals Tardy	22	—
Poirier. Schuster	31	—
Ordillot. Seidenweber	41	—
Cuitre. Tapezierer	—	—
Paulet. Hausierer	22	—
Ladrey. Schreinergeselle	24	—
Delatre. Schuster	32	—
Reveur. Wagner	17	—
Offroy. Sekretär des Invalidenhotels	29	—
Borme. Schreinergeselle	27	—
Richet. Gerber und Papier-Tapetenmacher	27	—
Masse. Schreiner	26	—
Valentin. Wasserträger	25	—
Chevalier. Pferdeverleiher	53	—
Prevost. Pastetenbäcker	23	—
Laforge. Knopfmacher	22	—
Berson. Schuster	40	—
Janiot. Metallgießer	24	—
Bourgneu. Abbé	32	—
Bridier. Kammerdiener des Grafen Montmorency	38	—
Curton. Bedienter des Grafen Senechal	18	—
Bellegueule. Stafettenreiter	19	—
Dupont. Hausierer	33	—
Leroy. Buffetier	26	—
Grand. Florarbeiter	25	—
Chatelier. Schneider	26	—
Bernard. Bildhauer	31	—
Balin. Schnallenmacher	18	—
Teissier. Pferdeverleiher	26	—
Guyard. Schreiner, Journalherumträger. Diese und die vorstehenden, weil sie aus dem Gefängnisse zu Bicêtre losbrechen wollen und sich dem Vorgeben nach geäußert hatten, den Wohlfahrtsausschuß (ihren Tyrannen, der sie dort auf sieben, zehn und mehrere Jahre einkerkern lassen) dann zu ermorden	25	—
Filour. Dorfpfarrer	46	—
Horion. Musikmeister	25	—
Bussiere. Rechtsgelehrter	18	—
Lamarche. Gärtner	28	—
Minette. Näherin	16	—

— 73 —

Name und Stand.	Alter.	Hinr. Juni

Admiral. Bedienter bei dem Marquis Mauci, dann Lottokollekteur zu Paris. Er hatte auf den Komödianten Collot d'Herbois, Deputierten des Konvents, geschossen, ihn aber verfehlt und als man ihn arretieren wollte, einen Schlosser, namens Geoffroy, verwundet. Dieser Schlosser war so betrunken, daß ihn die Patrouille anfangs nicht mit sich zu der Expedition nehmen wollte. Und dies ist der Geoffroy, dessen Bülletin von seinem Befinden der N.=K. sich täglich mit so vielem Prunk vorlesen ließ 50   17

Cardinal. Hielt eine Kostschule. Er sollte gegen einen andern im Rausch, der mit ihm in demselben Hause ehemals gewohnt, aber nie mit ihm Umgang gehabt, sich in drohenden Ausdrücken über Robespierres Tyrannei, Heuchelei und die Feigheit der Pariser allerhand haben verlauten lassen, daß sie solchen Druck und Despotismus ruhig duldeten 40   —

Roussel. Rentier 26   —
Chevalier. Frau des la Martinier 34   —
Pain d'Arvine. Kastellan des Lottohauses 35   —
Renault. Nonne 60   —
Renault, ihr Bruder. Papier= und Kartenfabrikant . . . 63   —
Renault, sein Sohn 30   —
Cecilia Renault, seine Tochter. Sie hatte den Robespierre zu sprechen verlangt und zwei Messer bei sich in der Tasche geführt; daraus folgerte man, sie habe ihn ermorden wollen . 20   —
Poresboeuf. Bedienter 43   —
Saintanar. Wundarztlehrling 22   —
Parmentier, verheiratete Plessis 52   —
Lafosse. Polizeiaufseher zu Paris 44   —
Devaur. Kommis beim Nationalschatz 29   —
Pottier de Lille. Buchdrucker 44   —
Virot de Sombreuil. Gewesener Gouverneur der Invaliden. An den blutigen Septembertagen rettete seine Tochter durch ihre Thränen und Flehen sein Leben und erweichte die Mörder. Vergebens! Robespierre bestimmte den Greis doch zwei Jahre darauf dem Tod und diesmal entging ihm sein Schlachtopfer nicht. Durch einen bitteren Spott ließ er ihn mit einem roten Hemde bekleiden und dichtete ihm an, ein Mitschuldiger von Admirals That und Kardinals trunkenem Geschwätze gewesen zu sein: andichten konnte er es ihm, beweisen nicht! Aber was kümmern einen Despoten Beweise! 74   —
Virot de Sombreuil, sein Sohn. Husarenrittmeister . . . 26   —
Rohan Rochefort. Herzog 24   —
Laval=Montmorency. Herzog. Aus dem alten erlauchten Geschlecht der Montmorency. Großer Connetable, hättest du je ahnden

Name und Stand	Alter.	Einr. Juni
sollen, daß dein Geschlecht auf diese Art, durch solche Hände endigen sollte!	25	17
Jardin. Gewesener Piqueur des Königs	48	—
Sartine. Edelmann, maître des requêtes. Sohn des Ministers Sartine	34	—
Conitant. Gendarme	42	—
Burlandeur. Friedensrichter	33	—
Prinz St. Maurice	38	—
Lesenne. Tonkünstler	46	—
Biard. Offizier	51	—
Tissot, genannt Biret. Kammerfrau der Chtrize Grand=Maison.	35	—
Jauge. Bankier	47	—
Vincent. Frau des Grivois	45	—
Santuaré. Gemahlin des hingerichteten Parlamentsrats d'Epresmenil	40	—
Devous. Edelmann	49	—
Corten. Würzkrämer	37	—
Baumier. Bedienter	39	—
Deshayes. Holzhändler	68	—
Czanne. Friedensrichter	40	—
d'Antheville. Edelmann	23	—
Lecomte, Kaufmann	41	—
Michonis. Kaffeeschenke und Polizeiadministrator. Hatte in den vorigen Zeiten der Revolution eine Rolle gespielt	59	—
Boissaucourt. Lieutenant der Karabiniers	27	—
Carodéc. Wechselagent	45	—
Moriant. Von seinen Renten lebend	27	—
Egrée. Brauer	40	—
Menil=Simon, Rittmeister	53	—
Denier. Gemahlin des Grafen St. Amaranthe. Sie hielt die größte Spielgesellschaft in Paris	42	—
St. Amaranthe, ihre Tochter. Gemahlin des oben hingerichteten Sartine	19	—
St. Amaranthe, ihr Sohn.	17	—
Briel. Geistlicher	56	—
Grandmaison=Buirette. Aktrice des italienischen Theaters . . .	27	—
Bouchard, ihr Jockei	18	—
Marino. Porzellanmaler, Polizeibeamter	37	—
Soulés. Polizeibeamter. Schriftsteller. Sein Buch über die nord= amerikanische Revolution ist auch ins Deutsche übersetzt . .	31	—
Froidure. Polizeibeamter	29	—
Dangé. Gleichfalls	17	—

Graf Fleury. Alle diese armen Unglücklichen, die den Admiral und Kardinal nicht einmal dem Namen nach kannten, wurden als Aufrührer und Mitschuldige des Meuchelmords, in roten

Name und Stand.	Alter.	Hinr. Juni

Hemden zum Schafott geführt. Es war zu ein gutes Vehikel, eine Menge Menschenleben auf einmal abzukürzen 23   17

Lolière. Dorfpfarrer 57   —
Giraud. Brunnenarzt zu Vichy 57   —
Bouillé. Arzt 37   —
Puiffé. Notar 32   —
Loillier. Gastwirt und Seidenstofffabrikant 36   —
Maret. Metzger 25   —
Justier. Schiffsbaumeister 27   —
Dumoulin. Pächter des Bistums Bayeux 54   19
Durancastel. Agent des Bischofs von Bayeux 63   —
Cezarme. Präsident des Departements der östlichen Pyrenäen; zuletzt Gendarme 30   —
Fabre. Viceprokurator. Syndikus desselben Departements . . 50   —
Vaquier. Maire zu Perpignan 41   —
Collard Dutrone. Kapitän und Adjunkt der Adjutanten der Revolutions-Armee 38   —
de St. Jean, genannt Evrard. Kaufmann 41   —
de Montelard. Edelmann, Hauptmann 31   —
Brasseur, aus dem Lüttich'schen. Tapezierer 32   —
Clevel. Schneider 36   —
Volland. Tuchfabrikant 34   —
Sarard. Défenseur officieux 33   —
Petremout. Schuster 40   —
A. David. Seine Frau 43   —
Auzour. Bauer 32   —
Laurenceau. Förster 64   —
Liriu. Kaffeeschenke 42   —
Lameulle 64   —
Thomazeau. Blechschmied 53   20
Bomissent. Gemeindeprokurator zu St. Malo 32   —
Cheau-Villanger. Advokat 41   —
Gounon-Beaufort. Edelmann, Rittmeister 70   —
Bougourt. Officier de santé. Arzt 48   —
Coetizac. Edelmann; Deputierter der Handelskammer 35   —
Pernchot. Direktor der Zölle; Maire zu St. Malo 38   —
Parin. Richter zu St. Malo 41   —
Fournier de Varennes. Major der Nationalmiliz zu St. Domingo. Das ist der Fournier, welcher am 10. August den Pöbel gegen die Tuilerien anführte, und am 9. September zu Versailles die Gefangenen aus Orleans unter seinen Augen ermorden ließ; nun lohnen ihm seine Spießgesellen, wie er es verdient! 55   —
de Fraval. Receveur des droits in Bretagne 59   —

Name und Stand.	Alter.	Hinr. Juni
Gardien. Kaufmann	34	20
St. Meleuc. Edelmann, Kommissär aux requêtes des Parlaments zu Rennes	40	—
Magou Viliouchet. Edelmann, Kaufmann	67	—
de Presnel. Maler	48	—
Gannot. Zollbeamter	28	—
Chapelain. Näherin	30	—
St. Sebert. Benediktinernonne	40	—
Lefol. Frau des Pflanzers Quesnel von Isle de France	35	—
Frau von Guillodeur. Witwe des Herrn von Buffablous	65	—
Gardin. Gemahlin des obengenannten Herrn von Coetizac	66	—
Whit. Gemahlin des Hrn. von Grossinois	34	—
Guillot. Witwe des Hrn. von Gelin	28	—
Fräulein Guillot. Ihre Schwester	19	—
L'Olivier. Gemahlin des Hrn. von St. Perne	70	—
Trigouet. Witwe des Hrn. von Landrecourt	68	—
Lebreton. Witwe des Hrn. von Lecarman	68	—
Fournier. Witwe des Hrn. von Lys. Sämtlich zu St. Malo ansässig	48	—
Mesnard. Landmann	30	—
Dousset. Dom-Diakonus zu Nevers	32	—
Gravière. Vikarius zu St. Roche	44	—
Ledour. Geistlicher zu St. Roche	45	—
Libernare. Gleichfalls	69	—
Parfat. Schulmeister	45	—
Foucard. Fuhrmann	41	—
Poncelet. Böttcher	54	—
Lepince. Rentier	60	—
Cressand, verheiratete Fouchois. Strumpfwirkerin	44	—
Thibault. Wollkämmer	49	—
Lacroix. Gastwirt	44	21
Delpèche-Saintou. Von seinen Renten lebend	53	—
Delpèche-Saintou, der Sohn. Maire zu Caussade	38	—
Labatte. Adjutant bei der Nordarmee	30	—
Glaviere. Dorfpfarrer	64	—
Borie. Taglöhner	30	—
Genibre. Gleichfalls	21	—
Moulet. Obsthändler	50	—
Despagnet. Präsident der Cour des aides zu Montauban	51	—
Picholier. Rechtsgelehrter, Friedensrichter	51	—
Foussegrive. Nadler. Furier der leichten Infanterie	27	—
Borie. Damenschuster	19	—
Niet. Mannsschuster	28	—
Calmete. Lichtzieher	36	—

Name und Stand.	Alter.	Hinr. Juni
Bastie. Saumsattelmacher	29	21
Cassaigne. Drechsler	28	—
Forien. Deserteur	27	—
Chantier. Distriktsadministrator	54	—
Lamotte. Edelmann, Souslieutenant, dann Holzhändler	26	—
Bilman. Jäger	52	—
Lanthenois. Sattlergeselle	44	—
Mannier. Hausierer	33	—
Maria Pierre. Eine Trödlerin	22	—
Belgingue. Schuster. Man warf diesen Hingerichteten unter andern vor, sie hätten den berühmten Volkssieg vom 10. August einen Mord genannt; da thaten sie freilich Unrecht die Wahrheit zu sagen, da sie noch unter der Guillotine standen, wo Wahrheit eine Ächtserklärung ist	60	22
Garandau. Schauspieler, dann Hussard de la mort	26	—
Hervieur. Schreiner; Distriktsadministrator	38	—
Josselin. Schafverkäufer	33	—
Henry. Dorfpfarrer	51	—
Drei Taglöhner	—	—
Gramoisseau. Soldat der ersten Requisition	20	—
Blanc. Kleinhändler	46	—
Colmar. Bandfabrikant	29	—
Carre. Wachtmeister	26	—
l'Huillier. Rechtsgelehrter	33	—
Guen d'Heronville. Einnehmer und Verwalter des Hôtel Dieu	69	—
Tricot. Kanonikus	55	—
Vannier. Gleichfalls	61	—

Die Anzahl sämtlicher vom März 1793 bis 22. Juni 1794 allein zu Paris guillotinierter, oder öffentlich und gerichtlich hingerichteter Personen, beläuft sich also auf eintausend fünfhundert und vierzehn Personen. Unter ihnen befinden sich:

192 Generale und Offiziere von verschiedenen Graden.
154 Frauenzimmer aus allen Ständen.
182 Edelleute.
177 Rechtsgelehrte und gens de robe.
81 Deputierte.
198 Maire, Munizipale und andere Revolutionsbeamten.
99 Geistliche.
32 Schriftsteller.

Die übrigen sind Kaufleute, Handwerker und Glieder des souveränen Pöbels.

Zu vorstehenden Mitteilungen wurde der französische Revolutionsalmanach benutzt.

Arbeiter, leset und urteilet selbst.

Auszug aus der Rede eines der gediegensten und begabtesten Nordamerikanischen National-Oekonomen namens Atkinson,

welche in einer Arbeiterversammlung auf deren Wunsch über die von den Arbeitern einzunehmende Stellung in der Arbeiterfrage gehalten und mit vielem Beifall aufgenommen wurde.

„Vielleicht würde der Arbeitgeber Ihnen ganz gerne mehr „für Ihre Arbeit bezahlen, wenn er nur könnte. Und da entsteht „die Frage, warum er das nicht kann? Die Antwort ist, weil das „Publikum, welches die von Ihnen hergestellten Waren kauft, keinen „höheren Preis für dieselben bezahlen will. Durch den Preis des „Produktes werden die Raten sowohl der Löhne wie des Profits „fixiert. Wer sind die Leute, welche für die von Ihnen hergestellten „Waren niedrige Preise bezahlen, so daß Sie nur geringe Löhne „erhalten? Nun neun Zehntel derselben sind Arbeiter wie auch Sie. „Wenn Sie den Preis für die von Ihnen produzierten Waren, „welche andere Arbeiter kaufen, in die Höhe setzen ohne zu gleicher „Zeit die Preise für die von den letzteren hergestellten Artikel zu „erhöhen, so behandeln Sie dieselben als Leute, welche ein besseres „Dasein wie Sie führen. Ist das recht und billig? Ebenso verhält „es sich mit der achtstündigen Arbeitszeit. Wenn Sie die

„Arbeitszeit in den Fabriken, Werkstätten u. s. w. auf 8 Stunden
„per Tag reduzieren, so vermindern Sie die Produktion. Es wird
„dann weniger Waren, weniger Geschäftsläden, weniger Werkzeug
„geben und es werden weniger Häuser gebaut werden, was alles
„gleichbedeutend mit einer Erhöhung der Preise Mieten sein
„würde. Wenn man in Betracht zieht, wem eine derartige Ver-
„kürzung der Arbeitszeit zu gute kommen würde, so kommt man zu
„dem Schluß, daß dies nur bei 200 unter 1000 Arbeitern der
„Fall sein würde. Kann auch auf den aus Farmern,
„Eisenbahnangestellten, Ladenbesitzern und deren
„Clerks (Kommis), sowie der Frauen der Arbeiter und
„Handwerker bestehenden Rest die achtstündige Arbeits-
„zeit ausgedehnt werden? Wer würde ein Gesetz vorschlagen,
„welches bestimmt, daß Frauen sich nur 8 Stunden täglich mit
„Haushaltungsarbeiten zu beschäftigen brauchen? Ist es recht und
„billig ein Staatsgesetz zu erlassen, oder ein Statut in die Konsti-
„tutionen von Gewerkschaftsunionen aufzunehmen, welchen zufolge für
„viele Leute die Arbeit erschwert wird, um dieselbe für wenige
„Andere zu erleichtern? Das ist nicht, was Sie beabsichtigen, aber
„es ist das was Sie thun oder thun würden, wenn Sie könnten.
„Nach Ihrer Ansicht kann gegenwärtig in 8 Stunden täglich genug
„produziert werden, um das Dasein für jedermann angenehm zu
„gestalten, wenn nur der Profit gleichmäßig verteilt würde. Einige
„von Ihnen behaupten sogar, daß wenn der Reingewinn, welchen die
„Kapitalisten aus der Produktion erzielen, unter den Arbeitern
„verteilt würde, eine achtstündige oder noch geringere tägliche Arbeits-
„zeit der arbeitenden Klasse zu einem ebenso guten oder noch besseren
„Leben verhelfen würde, als sie es gegenwärtig führt. Ich sage
„Ihnen, die über den notwendigen Bedarf hinausgehenden Ausgaben
„der Kapitalisten sind nicht so groß, wie diejenigen der Arbeiter, welche
„eine so bedeutende numerische Mehrheit der Bevölkerung bilden,
„und soweit ich es beurteilen kann, gibt es keinen Weg

„um die Arbeitszeit zu verkürzen, ausgenommen es müßte
„in weniger Zeit mehr produziert werden als bisher,
„denn das Arbeiterelement konsumiert gegenwärtig
„soviel von der Produktion, daß wenn man den reichen
„Leuten das, was sie nicht zur Bestreitung ihres Lebens-
„unterhalts brauchen, fortnehmen und unter die Arbeiter
„verteilen würde, dies kaum eine Verkürzung der täg-
„lichen Arbeitszeit um fünfzehn Minuten rechtfertigen
„würde. Wenn der betreffende Betrag in barem Geld
„verteilt würde, so dürfte er noch nicht zur Bezahlung
„eines Extra-Glases Bier pro Tag für jeden Arbeiter
„ausreichen.

„Ich sage Ihnen, meine Freunde, ehe Sie über die den
„Arbeitern zukommenden Löhne sprechen, sollten Sie einen bessern
„Maßstab an den Verdienst legen, welcher den Kapitalisten, den
„Erfindern, den Männern der Wissenschaft, den Männern, welche
„mit dem Kopf arbeiten, gebührt. Denn diesen Leuten verdanken
„Sie es, daß sie jetzt zweimal soviel bei zehnstündiger Arbeitszeit
„verdienen können, als die Arbeiter vor 50 Jahren in 12, 13
„und 14 Stunden zu erwerben vermochten. Arbeit ohne Kapital
„zahlt in bezug auf die Produktion fast nichts, während dieselbe in
„Verbindung mit dem Kapital ein bedeutender Faktor ist. Alles
„Gerede über die Lohnsklaverei ist Unsinn. Es gibt in diesem
„Lande gegenwärtig keine Sklavenarbeit, keinen Zwang mehr,
„außer dem Zwang, welche die „Knights of Labor" ausüben und
„auch damit ist es nicht mehr weit her. Die Armen sind nicht
„deshalb arm, weil die Reichen reich sind. Die Armen sind nicht
„arm, weil der Profit des Kapitals größer ist, als er sein sollte.
„Es würde im Gegenteil vielmehr Arme geben, wenn
„keine Kapitalisten vorhanden wären. Auch sind die Armen
„nicht deshalb arm, weil sie kein Land besitzen. Land ist für
„niemand von Wert, der dasselbe nicht auszunützen versteht. Die

„Indianer haben z. B. keinen Vorteil von ihren Ländereien und
„in den Südstaaten gibt es noch viel Land, das zu einem Dollar
„per Acre gekauft werden kann; doch diejenigen Leute, welche solches
„Land kaufen, haben schwerer zu arbeiten wie Sie, denn es fehlt
„denselben an Kapital. Wenn sie dorthin gehen, müssen Sie
„schwerer arbeiten, doch sind Sie dann allerdings Ihre eigenen
„Herren."

Nachdem Herr Atkinson des weiteren die Undurchführbarkeit
dieser Forderungen der arbeitenden Klassen in trefflicher Weise
nachgewiesen, suchte er seinen Zuhörern klar zu machen, was
eigentlich eine Teilung des Profits bedeute, und daß die Arbeiter
bereits jetzt den Löwenanteil erhielten. Zu diesem Zwecke entfaltete
Redner eine Yard Baumwollenzeug, für welche er $6^1/_4$ Cents in
einem Schnittwarengeschäft bezahlt und machte dazu folgende Be=
merkungen: „Etwas mehr als 3 Cents von den $6^1/_4$ Cents, welche
„die Yard kostet, entfallen auf die Produktion, die Verpackung und
„den Transport des Rohmaterials. Eine Kleinigkeit mehr als
„$1^1/_2$ Cents erhalten die mit der Herstellung und Fertigstellung für
„den Markt in der Spinnerei beschäftigten Arbeiter, während
„$1^3/_4$ Cents als Kosten für Anschaffung und Instandhaltung der
„notwendigen Maschinerie in der Spinnerei, sowie zur Bezahlung
„der Versicherungspolicen, der Steuern, der Fracht, der Kommissions=
„gebühren bei den Verkäufern u. s. w. in Anrechnung zu bringen
„sind. Wie hoch beläuft sich nun der Profit für den Kapitalisten,
„d. h. den Spinnereibesitzer? Auf weniger als $^1/_1$ Cent per Yard
„— von 17 500 000 Yards Zeug im Gesamtwert von 1 100 000 Doll.,
„welches Quantum man als die jährliche Produktion einer Spinnerei
„annehmen kann, in welcher ein Kapital von 1 000 000 Dollar
„angelegt ist, erzielt der Besitzer der Spinnerei einen Profit von
„60 000 Dollar wenn die Zeiten gut sind; von dem Reste
„welchen der Verkauf bringt, sind abzurechnen 85 000 Dollar für
„die Baumwollplantagenbesitzer, die Lieferanten sonstiger Materialien

„zur Herstellung des Zeuges u. s. w., für Steuern an den Staat „und andere oben bereits angeführte Abgaben 15 000 Dollar und „den übrigen Betrag 940 000 Dollar erhalten die in der Spinnerei „beschäftigten Arbeiter als Lohn." Herr Atkinson wies dann darauf hin, daß der Spinnereibesitzer von seinem Profit einen großen Teil für den Unterhalt seiner Familie, Instandhaltung seines Hauses, Neuanschaffungen (ganz abgesehen von Reserven für Verluste?) ausgebe, wodurch viele Handwerker und Arbeiter in anderen Geschäfts= zweigen Verdienst erhielten und meinte, was aus diesen letzteren Leuten werden sollte, wenn der Profit des Fabrikanten gleichmäßig unter seine Arbeiter verteilt werden würde. In dieser Weise sprach sich Redner weiter aus und gab dann zum Schluß den Arbeiter= Organisationen einige sehr beherzigenswerte Lehren.

„Um Ihre Arbeitszeit zu verkürzen, sehe ich keinen andern „Weg als in kürzerer Zeit angestrengter zu arbeiten, als dies „gegenwärtig geschieht. Arbeiten Sie meinetwegen per Stück oder „per Stunde, aber suchen Sie sich etwas von Ihrem Verdienst zu „ersparen. Und nun lassen Sie mich Ihnen einige derbe Wahrheiten „sagen. Einige von Ihnen versuchen, dasselbe zu thun, was die „britischen Truppen vor einem Jahrhundert in Boston versucht „haben. Sie versuchen Arbeiter diktatorisch zu regieren. „Sie versuchen, anderen Leuten vorzuschreiben, auf welche „Weise, wo und wie lange sie arbeiten sollen. Wer sich „diesen Vorschriften widersetzt, wird von Ihnen mit Schimpf= „namen belegt. Ist das recht und billig? Der Mann, welchen „Sie beschimpfen, ist derjenige, welcher dereinst etwas vor sich „bringen und erreichen wird, während Sie zurückbleiben. Sie „dürfen mich indes nicht mißverstehen. Ich billige die Organisierung „der Arbeiter durchaus und es ist mir gleichgültig, ob Sie derartige „Organisationen Gewerkschaftsvereine, Arbeitsritter (Knights of „Labor) oder anders nennen. Was ich Ihnen zurufe, ist, Sie „sollen sich ausschließlich um Ihre eigene Angelegenheiten bekümmern.

„Was gegenwärtig von nöten, ist ein Klub zum Schutz der per„sönlichen Freiheit, ein Fege jeder vor seinen eigenen Thür. „Wenn sie Arbeitsritter (Knights of Labor) haben, warum haben Sie „keine Vasallen der Arbeit? Ich halte mehr von einem Vasallen als „von einem Ritter. Die ersteren haben die letzteren seit den letzten „300 Jahren bekämpft und werden sie auch nach und nach „unterjochen. Wie kommen nun die heutigen Ritter dazu, sich die „Vorrechte wiederum anzumaßen, welche die Vasallen den Rittern „der alten Zeit genommen? Die Vorrechte, welche Fürsten, „Ritter u. s. w. in alten Zeiten für sich beanspruchten, sind „dieselben, welche sich die Knights of Labor anmaßen „— das Recht Ihnen und mir vorzuschreiben, was wir „mit unserer Zeit, unsern Köpfen und unsern Armen thun „sollen. Das ist nicht durchführbar und die Vasallen sind „durchaus nicht damit einverstanden. Es gibt mehr „Vasallen als Ritter, eine Thatsache, welche die ersteren „indes noch nicht eingesehen. Laßt diese Vasallen sich „organisieren und sich gegenseitig unterstützen, um festzu„stellen, was ihre Arbeit wirklich Wert ist."

Dies sind goldene Worte, welche jeder wahre Arbeiterfreund gerne unterschreiben wird. Worte, wie sie die mißleiteten Arbeiter von ihren angeblichen Freunden und professionellen Agitatoren niemals zu hören bekommen. Herrn Atkinsons Rede sollte von jedem Arbeiter der Vereinigten Staaten gelesen werden, dieselbe würde mehr zu ihrer Aufklärung beitragen, als alle Schriften von Henry George, Dr. Mc Glyn und Leuten ähnlichen Schlages.

Vorstehende Rede ist der „Newyorker Handelszeitung" entnommen.

Stuttgart, Oktober 1887.

F. v. Georgii-Georgenau.